中国司法改革实证研究丛书

致力于中国司法制度、刑事诉讼制度和纠纷解决的
实证研究作品

四川省哲学社会科学重点实验室实证法学与智慧法治重点实验室支持
四川省哲学社会科学重点研究基地纠纷解决与司法改革研究中心支持

中国司法改革实证研究丛书

左卫民/丛书主编

中国司法评估的理论、实践与机制改革研究

RESEARCH ON THE THEORY, PRACTICE AND
MECHANISM REFORM OF
JUDICIAL EVALUATION IN CHINA

段陆平 / 著

图书在版编目(CIP)数据

中国司法评估的理论、实践与机制改革研究 / 段陆平著. -- 北京：北京大学出版社，2025. 6. --（中国司法改革实证研究丛书）. -- ISBN 978-7-301-36414-7

Ⅰ. D926.04

中国国家版本馆CIP数据核字第20251R2P12号

书　　　名	中国司法评估的理论、实践与机制改革研究
	ZHONGGUO SIFA PINGGU DE LILUN、SHIJIAN YU JIZHI GAIGE YANJIU
著作责任者	段陆平　著
责任编辑	张文桢　王建君
标准书号	ISBN 978-7-301-36414-7
出版发行	北京大学出版社
地　　　址	北京市海淀区成府路205号　100871
网　　　址	http://www.pup.cn　http://www.yandayuanzhao.com
电子邮箱	编辑部 yandayuanzhao@pup.cn　总编室 zpup@pup.cn
新浪微博	@北京大学出版社　@北大出版社燕大元照法律图书
电　　　话	邮购部 010-62752015　发行部 010-62750672
	编辑部 010-62117788
印　刷　者	大厂回族自治县彩虹印刷有限公司
经　销　者	新华书店
	650毫米×980毫米　16开本　15.25印张　172千字
	2025年6月第1版　2025年6月第1次印刷
定　　　价	79.00元

未经许可，不得以任何方式复制或抄袭本书之部分或全部内容。
版权所有，侵权必究
举报电话：010-62752024　电子邮箱：fd@pup.cn
图书如有印装质量问题，请与出版部联系，电话：010-62756370

"中国司法改革实证研究丛书"序

2014年10月20日至23日召开的党的十八届四中全会,无疑将在当代中国法治建设的进程史上留下划时代的一笔。继党的十八届三中全会提出进一步深化司法体制改革的措施后,党的十八届四中全会通过的《中共中央关于全面推进依法治国若干重大问题的决定》,又提出了关于司法改革的重大举措,这对中国司法建设与改革而言显然具有积极意义。

长期以来,笔者及笔者带领的学术团队包括所指导的博士研究生,一直致力于司法制度、刑事诉讼制度和纠纷解决的实证研究,力图真切地把握中国司法与诉讼制度的运行现状,深度剖析其利弊得失,抓住切实存在的重要问题,探究其成因,并在此基础上提出有针对性和可操作性的改革建言。通过不断地开展实证研究,我们取得了关于司法与诉讼制度若干方面的一些研究成果。考虑到当前司法改革的重要性,也考虑到实证研究的重要性,笔者将我们团队近期有关司法制度的研究成果收辑成册,以中国司法改革实证研究为主题,与北京大学出版社联系并系列出版。笔者的看法是,中国司法研究固然早成显学,但司法改革的正确推进尤其是长期有效推行,仍然有待科学、细致及深入的实证研究。有鉴于此,笔者将自己及所带领团队关于司法改革的实证研究成果奉献给大家,希望抛砖引玉,引起更多学界同仁关注并开展司法实证研究,同时也为当下和未来的司法改革提供些许参考。

需要指出的是,对于法学研究者而言,实证研究是一种新兴的研究方法,无论是笔者抑或笔者所带领的团队成员,都有一个学习与掌握的过程。本系列作品中,有些实证研究方法运用得比较多,有些则比较少;有些运用得比较好,有些则有所欠缺,但鉴于这些作品大都或多或少地运用实证方法,比如使用数据展开分析等,因此笔者仍然以实证研究为主题辑录在一起。其中不当之处,敬请读者诸君批评。

左卫民
2014年12月3日于四川大学研究生院

目　　录

绪　　论 ……………………………………………………… 001
　第一节　研究对象与选题缘起 ……………………………… 001
　　一、研究对象 …………………………………………… 001
　　二、选题缘起 …………………………………………… 004
　第二节　研究现状与文献述评 ……………………………… 007
　　一、研究现状 …………………………………………… 007
　　二、文献述评 …………………………………………… 009
　第三节　研究思路与具体内容 ……………………………… 020
　　一、研究思路 …………………………………………… 020
　　二、具体内容 …………………………………………… 021
　第四节　研究方法与材料来源 ……………………………… 023
　　一、研究方法 …………………………………………… 023
　　二、材料来源 …………………………………………… 024

第一章　司法评估的基础理论 ……………………………… 027
　第一节　司法评估的类型划分 ……………………………… 027
　第二节　司法评估的基本要素 ……………………………… 027
　　一、评估主体 …………………………………………… 027
　　二、评估客体 …………………………………………… 029
　　三、评估目的 …………………………………………… 033
　　四、评估标准 …………………………………………… 036

第三节　司法评估的相关理论 …………………………… 038
　　一、司法评估的认识论基础 …………………………… 038
　　二、司法评估的管理论基础 …………………………… 040
　　三、司法评估的法理学基础 …………………………… 044
　　四、司法评估应以还原司法权"依法司法"本质为主 … 047
　　五、司法评估不能侵蚀法官的依法独立审判要求 …… 053

第二章　司法评估的指标体系 …………………………… 055
第一节　司法评估的指标体系设计理论 ………………… 055
　　一、效度与信度 ………………………………………… 056
　　二、基本原则 …………………………………………… 057
　　三、司法评估指标体系及权重确定的基本方法 ……… 064
第二节　司法评估指标体系的对比分析 ………………… 072
　　一、法院案件质量评估指标体系 ……………………… 072
　　二、中国司法综合评价指标体系 ……………………… 079
第三节　司法评估指标体系的评判 ……………………… 085
　　一、司法评估指标体系的有效性问题 ………………… 085
　　二、司法评估指标体系的系统性问题 ………………… 087
　　三、评估指标体系的主客观问题 ……………………… 089

第三章　司法评估的实践考察 …………………………… 092
第一节　法院案件质量评估的回顾与反思 ……………… 093
　　一、如何评估 …………………………………………… 093
　　二、效果观察 …………………………………………… 093
　　三、法院/法官应对案件质量评估的策略 …………… 102
第二节　司法综合评估运行状况的实践考察 …………… 109
　　一、评估过程 …………………………………………… 109

二、评估结论 ·················· 115
　　三、评估审思 ·················· 121

第四章　司法评估对中国司法的影响 ········ 124
第一节　司法评估结果的利用类型 ········ 124
　　一、评估结果利用的通用方式 ········ 124
　　二、中国司法评估结果的利用方式 ······ 125
第二节　司法评估对中国司法的影响 ······ 127
　　一、法院 ···················· 128
　　二、法官 ···················· 130
　　三、程序 ···················· 133
　　四、当事人 ·················· 135
　　五、司法评估何以发生作用 ·········· 136
第三节　司法改革及其司法评估下的法官流失问题 ···· 138
　　一、法官流失的现状与特征 ·········· 140
　　二、法官流失问题对于司法实践的影响 ···· 144

第五章　契合中国式现代化的司法评估机制改革 ···· 148
第一节　如何理解"改革" ············ 148
第二节　中国司法评估未来发展的目标趋向 ···· 150
　　一、中国司法体制与机制的现代化改革 ···· 150
　　二、中国司法评估机制改革与中国式法治现代化 ·· 153
　　三、中国司法评估机制的改革目标 ······ 154
第三节　司法评估机制改革的系统展望 ······ 159
　　一、评估主体的选择 ·············· 160
　　二、评估标准的明确 ·············· 162
　　三、评估指标的设计 ·············· 164

四、评估结果的利用 …………………………………… 166
　　五、司法大数据与人工智能时代的司法评估机制
　　　　变革 …………………………………………………… 167
结　　论 ………………………………………………………… 171
参考文献 ………………………………………………………… 173
附录：中国司法综合评价指标体系的构建设想 ……………… 185
后　　记 ………………………………………………………… 231

绪　　论

第一节　研究对象与选题缘起

一、研究对象

(一) 司法评估的概念范畴界定

本书的研究对象是针对中国司法(狭义上的司法,即法院)运行及司法改革状态的评估机制。整体来看,中国司法评估机制特别是法院案件质量评估是指按照审判执行工作的本质、目的、功能与特征,设定相应的评估指标,对法院(具体而言,包括业务庭及法官)所办理的案件的质量和司法环境及其改革状况进行测度、评判与分析,并将评估结果作为法院现代化建设参考、审判工作管理、决策,以及考核法院(甚至包括法官)重要依据的机制。这是一项综合性的系统工程,涉及多个方面的制度。具体而言,从制度与实践情况看,中国司法评估机制大致涵括以下三个方面的内容。

其一,设计若干反映审判公正、效率和效果情况的评估指标,利用司法统计资料,运用多指标综合评价技术,建立司法运行质量与司法改革状况评估的量化模型,计算司法质量综合指数,对各级法院司法质量进行整体评判与分析。① 这一点可谓司法评估机制最为重要之内容。在根本意义上,司法评估特别是案件质量评估,即意味着对法院办理的所有案件质量的一种整体性及综合性的评估。

其二,在法院内部,由于所办理案件可划分为不同诉讼与执行阶段,由业务部门及法官具体承办,因此,法院整体的案件质量评估必然要具体化、类型化到对诉讼与执行各环节、各类业务部门及法官所处理案件活动的质量评估分析。②

其三,司法评估结果是法院现代化建设改革完善参考以及进行审判工作管理、决策和评价、考核各级法院的重要依据之一③,实践中,不少地方法院进一步选取案件质量某些具体方面的评估结果作为考核业务庭、法官的重要依据,最终力图达到"管人促管案"的效果。④ 正是在此意义上,法院案件质量评估机制被实质性地纳入法院管理范畴。也正因如此,理论界与实务界在探讨法院案件质量评估时,往往绕不开审判绩效考核或业绩考评等概念,甚至某种程度上等同使用。⑤

事实上,当前中国法院的审判绩效考核或业绩考评,本身就是建构在法院案件质量评估体系基础之上的。换言之,审判绩效考核在某种程度上可被视为案件质量评估体系在实践中的管理功能的利用。

---

① 参见《最高人民法院关于开展案件质量评估工作的指导意见》(〔2011〕55号)的规定。
② 同上。
③ 同上。
④ 2011年印发的《最高人民法院关于加强人民法院审判管理工作的若干意见》明确指出,"审判绩效考核结果作为法官评优评先、晋职晋级的主要依据,充分发挥以管人促管案、管案与管人相结合的综合效应"。
⑤ 最高人民法院将案件质量评估纳入审判管理范畴,从组织激励和组织控制的管理角度来定位,因此,探讨中国法院案件质量评估体系必然绕不开法院的绩效考核问题。实践中,地方法院大多从法院、法官绩效管理的角度来理解和运作案件质量评估机制。学术界在探讨相关主题时,也往往将法院案件质量评估与绩效考核相关联。相关文献可参见江必新:《司法绩效综合评价的实践与思考》,载《中国审判》2006年第6期;艾佳慧:《中国法院绩效考评制度研究——"同构性"和"双轨制"的逻辑及其问题》,载《法制与社会发展》2008年第5期;郭松:《组织理性、程序理性与刑事司法绩效考评制度》,载《政法论坛》2013年第4期;郭松:《绩效考评与司法管理》,载《江苏行政学院学报》2013年第4期。

需要指出的是,司法评估结果不管是应用于审判工作管理与决策,还是应用于法院、法官的考核,终极目标都是致力于改善法院的组织绩效。就此而言,司法评估本就带有绩效考评的性质与功能。

(二)相关概念辨析

在中国司法评估机制中,最核心的是"法院案件质量评估"。除最高人民法院开展的专门的案件质量评估工作之外,还包括法院内部或外部开展的司法体制改革评估、司法文明指数、司法公信力指数、司法透明度制度、司法公信力指数等,核心内容都指向法院的案件质量。在最高人民法院提出"法院案件质量评估"这一概念之前,各地方法院使用的概念有"审判质量与效率评估"(以下简称"审判质效评估")、"司法绩效综合评估"等。需要指出,虽然这些概念的话语表述存在一定差异,但在它们所指涉的具体内容上其实与最高人民法院最终予以统一使用的"法院案件质量评估"概念内涵基本相同。当然,要更为细致地理解"法院案件质量评估"的概念,需要分别从三个方面来展开:"法院案件""质量"与"评估"。

其一,"法院案件质量评估"意味着对法院处理诉讼纠纷过程中直接相关的所有业务部门办案工作状况的评估,包括立案部门、民刑事与行政审判部门、国家赔偿部门以及执行部门,涵盖了法院处理诉讼纠纷的全部工作,而不仅局限于狭义上的审判工作。当然,审判乃法院案件质量评估的核心内容。

其二,目前学界针对法院案件质量评估的研究中使用的与"质量"相关的概念有"绩效""业绩""业务""性能"等。其中,以"绩效"概念的使用较为常见。"绩效"一词在词义学上一般理解为"成就与效果",但事实上,在学界既有的论述中,其概念内涵与外延并不十分明朗。从国外学者所总结和概括的内容看,所谓的"绩效"通常与生产力(productivity)、质量(quality)、效果(effect)、结果(outcome)、责任

（accountability）等概念相互联系①，一般而言，可以视为上述语词概括难以系统、全面界定"成就与效果"情况下出现的词汇，意味着这些概念内涵的综合体。② 由此可见，狭义的"质量"仅是"绩效"的一个方面，其内涵是指产品或服务应该具有的内在属性。我国不少学者在讨论中国法院案件质量评估时，在"质量"与"绩效"的概念使用上其实是等同使用的，概因中国法院系统构建的案件质量评估机制的内容本身即包含了狭义的质量、效果、结果、责任乃至于生产力的内容。需要注意的是，本书在论述中将尽量保持概念使用的统一性，即一般情况下使用"质量"一词，但由于不少研究材料在讨论法院案件质量评估时，更多使用"绩效""业绩"等词语，本书在某些论述中也将遵循这种表述。

其三，与"评估"相关或类似的概念有"评价""考核""考评（评考）"等。从词义学上来看，"评估"意味着"评议估计、评价"，本源意义上并未包含"考核"的意思。换言之，"评估"并不必然导致"考核"的结果，而"考核"必然要有"评估"的过程。一般而言，"评估"要发挥作用，需要通过"考核"这种组织激励与控制的方式来实现。实质上，二者往往紧密结合在一起。

二、选题缘起

中国司法评估机制在我国法院系统存在已有较长时间，形成了较为成熟完善的评估体系，并在一定程度上有助于法院工作质量的提高。但正如任何一项机制都可能利弊互见，中国司法评估机制也因其在实践中不断呈现出的弊端而受到理论界与实务界的批评，其集中体

---

① 参见汪全胜：《法律绩效评估机制论》，北京大学出版社2010年版，第3页。
② 参见刘旭涛：《政府绩效管理：制度战略与方法》，机械工业出版社2003年版，第96—97页。

现为评估指标体系设置不科学、评估机制不完善,特别是在案件质量评估结果作为考核法院乃至于考核法官的重要依据的情况下,不少论者对于欠缺科学性的评估指标可能严重影响司法正常运作都深为担忧。

"改革"是中国司法评估机制特别是法院内部的案件质量评估机制长期以来的关键词。自推行法院案件质量评估机制时起,最高人民法院对其的改革与完善从未停止过。① 这充分说明该机制可能一直存在价值理念、制度设计或实践操作等问题。党的十八届三中全会提出改革司法管理体制的要求;党的十八届四中全会进一步提出推进司法管理体制改革的指导方针、前进方向和具体目标。作为司法管理体制的重要内容,饱受争议的法院案件质量评估机制的改革显然也得到了党和国家的重视。2014年12月23日,最高人民法院召开关于法院案件质量评估工作和审判绩效考评工作运行情况的会议,决定取消对全国各高级人民法院的考核排名,现行的案件质量评估指标体系中,除

---

① 在党和国家提出全面深化司法管理体制改革战略、《最高人民法院关于全面深化人民法院改革的意见——人民法院第四个五年改革纲要(2014—2018)》出台之前,最高人民法院便已经数次提及并展开了对中国法院案件质量评估体系的改革与完善。最高人民法院1999年公布的《人民法院五年改革纲要》提出要建立符合审判工作特点和规律的审判管理机制。2005年,最高人民法院公布《人民法院第二个五年改革纲要(2004—2008)》,明确要建立科学、统一的审判质量和效率评估体系。具体表述为:"建立科学、统一的审判质量和效率评估体系。在确保法官依法独立判案的前提下,确立科学的评估标准,完善评估机制。"2008年,《最高人民法院关于开展案件质量评估工作的指导意见(试行)》发布,首次出台全国法院统一参考适用的"案件质量评估指标体系",强调要按照法院审判工作目的、规律与特点设置评估指标。2009年,最高人民法院公布《人民法院第三个五年改革纲要(2009—2013)》,要求进一步改革与完善审判管理制度,并力图建立健全以案件审判质量和效率考核为主要内容的审判质量效率监督控制体系。具体表述为:"建立健全以案件审判质量和效率考核为主要内容的审判质量效率监督控制体系,以法官、法官助理、书记员和其他行政人员的绩效和分类管理为主要内容的岗位目标考核管理体系,以综合服务部门保障的能力和水平为主要内容的司法政务保障体系。"在总结前期实践经验的基础上,《最高人民法院关于开展案件质量评估工作的指导意见》于2011年出台,对2008年试行的"案件质量评估指标体系"进行了大幅度的修订与完善,力图构建更科学、更符合司法规律的评估指标体系。2013年,最高人民法院又印发《人民法院案件质量评估指数编制办法(试行)》,力图提供方便的、更具操作性的技术指引,并以此引导和规范地方法院树立科学合理的司法政绩观。参见严戈、马剑:《关于〈人民法院案件质量评估指数编制办法(试行)〉的理解与适用》,载《人民法院报》2013年6月22日,第3版。

符合法律规定的若干必要的评估指标继续具有约束性之外,其余评估指标一律仅作评判分析的参考使用。① 这一举措标志着中国法院案件质量评估机制的新一轮改革正式拉开帷幕。2015年2月4日,《最高人民法院关于全面深化人民法院改革的意见》对外公布,也就是修改后的《人民法院第四个五年改革纲要(2014—2018)》,再次强调要继续深化改革,建立科学合理的案件质量评估体系,并且重申废止违反司法规律的考评指标和措施,取消任何形式的排名排序。2024年12月,《人民法院第六个五年改革纲要(2024—2028年)》进一步对法院案件质量评估提出了新时代要求,提出要以审判质量、效率、效果有机统一为导向,构建完善符合司法规律、务实管用的审判质量管理指标体系。同时还提出了三个要求,一是科学合理运用指标,规范数据管理与发布方式;二是健全数据会商机制,强化态势分析研判,提升业务指导精准度;三是严格监督、科学管理上级人民法院面向下级人民法院的考核指标设置和数量频次,减轻基层负担。这显然是对新时代背景下的司法评估机制特别是法院案件质量评估提出了新要求,特别是鉴于新一代信息技术已经深入运用到数字司法建设中的现实状况,提升司法评估特别是法院案件质量评估的科学性、精准度的同时,也要更符合新时代中国式司法现代化的需要,即司法评估既要符合现代司法的基本规律,也要切合中国司法管理的现实需要。

显而易见,法院内部的司法评估事实上并未取消,而是进行了改良、优化与分化。就分化而言,具体是指法院内部评估从"整体"迈向

---

① 此次会议中明确指出,取消对全国各高级人民法院的考核排名,是为了更好地贯彻党的十八大和十八届三中、四中全会精神,应对人民法院审判工作面临的新形势新情况,更好地尊重司法工作规律,尊重法官主体地位,进一步调动广大法官办案积极性。会议还要求,除依照法律规定保留审限内结案率等若干必要的约束性指标外,其他设定的评估指标一律作为统计分析的参考性指标,作为分析审判运行态势的数据参考;坚决杜绝以保证结案率为由,年底不受理案件的做法;各高级人民法院要按照最高人民法院的要求,取消本地区不合理的考核指标。参见袁定波:《最高法决定取消对各高院考核排名》,载《法制日报》2014年12月27日,第1版。

"单独",例如,有关法院执行工作的考核评价指标就单独设立,《最高人民法院关于深化执行改革健全解决执行难长效机制的意见——人民法院执行工作纲要(2019—2023年)》明确提出,要加强执行工作考核,2019年年底前,各级人民法院要修订执行考核指标,遵循执行工作规律,突出执行工作特点,建立有别于审判工作的单独执行工作考核机制,并且要求强化考核结果运用。①

在党和国家提出全面深化司法改革、全面推进依法治国战略,最高人民法院对深化司法管理体制改革作出重点部署、对法院案件质量评估机制新一轮改革的前进方向与整体目标作出明确指引的现实背景下,具体究竟如何改革完善中国法院案件质量评估尤其是评估指标体系,是当下亟须解决的现实问题,当然也是比较具有争议的问题。从这一层面来讲,进一步推进中国司法评估体制,特别是法院案件质量评估的理论与实证研究,为新一轮的改革提供有益的支撑材料,显然具有重要的现实意义。

第二节　研究现状与文献述评

一、研究现状

司法评估是近十多年来中国司法改革的产物②,其在制度设计初

---

① 在这一文件中,最高人民法院还明确了时间线,要求2019年底前要建立有别于审判工作的单独执行工作考核机制。2020年开始将执行案件与审判案件分开统计,在法院工作报告中分别表述。修改综治工作(平安建设)考核评价工作(法院执行工作部分)实施细则,将"3+1"核心指标、执行督办落实情况等纳入考核范围,合理设定加减分项目和分值,探索实行月汇总、季度通报、年终扣分制度。强化考核结果运用,健全执行机构配合组织人事部门考核执行队伍工作机制,将执行工作考核结果作为干部考核的重要方面。

② 这并不是说此前就没有关于司法评估的做法。20世纪90年代以来,对(转下页)

始便被纳入法院管理体系的范畴。作为审判管理的核心机制,中国法院案件质量评估体系串联着审判管理的各项具体措施,担负起提升司法能力和司法水平、提高司法质量、保证司法正义之实现的功能期待,乃至于最高人民法院视其为事关审判管理成败的重要工作。① 实践中,全国各级法院均将审判管理特别是案件质量评估作为一项重要内容来抓,并从结果上深刻影响着中国司法实践。因此,理论界与实务界都对中国司法评估机制,特别是法院案件质量评估机制的改革问题倾注了较多的关注,相应研究成果也较为丰富。例如,就司法评估这一主题而言,张保生教授等学者在其承担的国家社科基金重大项目的基础上完成了《司法评估论》这一颇具代表性的著作。董皞教授同样也在其承担的国家社科基金重大项目基础上完成了《我国司法评价指标体系研究》一书。还有其他一些专门研究司法评估的专著与论文。② 此外,对于作为司法评估机制核心的法院案件质量评估而言,据笔者搜集梳理的资料看,虽然专门研究中国法院案件质量评估的著作

(接上页)法院案件质量进行监督和评价的做法已经十分普遍,裁判文书评查、庭审质量评查等工作成为法院保证案件质量的重要举措。2000 年以来,经过各级人民法院的不懈探索和积极实践,案件质量监督管理工作有了显著的发展。最高人民法院于 2008 年试行、2011 年正式运行的案件质量评估体系主要是总结之前的经验,着重于案件质量评估工作尤其是指标体系的"科学"和"统一"。

① 根据《最高人民法院关于加强人民法院审判管理工作的若干意见》,审判管理制度体系包括审判质量管理、审判效率管理、审判流程管理、审判绩效考核等,其中,审判质量管理、审判效率管理与审判绩效考核与案件质量评估都有着紧密关联,案件质量评估的核心内容就是审判质量和效率,而评估结果则衔接着审判绩效考核,审判流程管理通过节点控制监督和督促法官办案,服务于司法公正与效率,保障了案件质量评估结果的提升。因此可以说,法院案件质量评估体系乃勾连审判管理各项机制并促进审判管理工作正常运转的核心要素。

② 代表性的如孙晓东:《司法评估理论与实务研究》,知识产权出版社 2020 年版;郑智航、曹永海:《数字时代司法质量量化评估的困境与因应》,载《甘肃社会科学》2024 年第 2 期;吴洪淇:《司法评估定性方法的理论反思》,载《四川大学学报(哲学社会科学版)》2022 年第 6 期;孙笑侠:《用什么来评估司法——司法评估"法理要素"简论暨问卷调查数据展示》,载《中国法律评论》2019 年第 4 期;郑飞:《中国司法评估实践的理论反思》,载《证据科学》2018 年第 1 期。

尚未见诸于市①，但在关于审判管理(法院管理)的著作中大多可见关于中国法院案件质量评估运行状况、问题与改革的内容。② 同时，研究中国法院案件质量评估的学术论文也有一定规模，尤其是不少硕士论文对此作了初步探讨。③ 此外，由于中国法院案件质量评估包括评估、比较司法实践运行状况及司法效果、考核法官业绩等内容，也有部分学者在探讨法治(建设)评估、法官考评时论及该机制特别是其指标体系。

二、文献述评

(一)国内文献

目前我国涉及探讨司法评估的研究成果主要从法治评估、法院管理(审判管理、人事管理)两个视角展开。其中，基于法院管理视角的

---

① 由原最高人民法院副院长张军主编、最高人民法院研究室编著的《人民法院案件质量评估体系理解与适用》一书可谓少有的关于案件质量评估的专著，但该书并非研究性著作，将其视为用以指导各级法院理解与适用案件质量评估体系的"规范性文件"可能更为妥当。

② 根据笔者的搜索结果，目前见诸于市的关于审判管理的代表性著作有公丕祥主编：《审判管理理论与实务》，法律出版社 2010 年版；最高人民法院办公厅编：《大法官论审判管理》，法律出版社 2011 年版；北京市第一中级人民法院编：《法院审判与管理实务问题研究》，法律出版社 2011 年版；公丕祥：《当代中国的审判管理——以江苏法院为视域的思考与探索》，法律出版社 2012 年版；牛敏主编：《人民法院审判运行机制构建——成都法院的探索与实践》，人民法院出版社 2012 年版；徐清宇主编：《审判管理理论问题研究》，法律出版社 2012 年版；钱锋主编：《审判管理的理论与实践》，法律出版社 2012 年版；王晨编著：《审判管理体制机制创新研究》，知识产权出版社 2013 年版；孙海龙编著：《深化审判管理》，人民法院出版社 2013 年版；沈志先主编：《法院管理》，法律出版社 2013 年版；等等。

③ 据笔者查阅中国知网学术文献总库(CNKI)的结果，截至 2025 年 4 月 1 日，以"法院"+"案件质量评估"为主题搜索，显示文献有 163 篇，以"审判"+"质效评估"为主题搜索，显示文献有 88 篇，以"法院"+"绩效考核"为主题搜索，显示文献有 637 篇，以"审判管理"为主题搜索，显示文献有 2629 篇。整体而言，专门讨论法院案件质量评估的文章并不多，大多数论文均是在"审判管理"的研究主题下展开探讨。

探讨居于主流。

其一,将司法评估包括法院案件质量评估纳入法治评估范畴,视其为法治评估中专项司法评估的重要内容予以探讨。从逻辑上看,中国法院案件质量评估与司法评估在某种程度上共用着相同的原理与思维逻辑,即都是设计相关的评估指标对司法运行过程及其结果符合某一评估标准的分析、评判与比较。从内容上看,司法评估既涉及对司法独立、司法人员素质、司法资源配置状况等的评估,更涉及对司法是否可接近、公正与高效的评估,而后者正是中国法院案件质量评估的基本内容。正因如此,我国不少研究者在探讨法治评估,特别是司法评估时,往往将中国法院案件质量评估作为分析对象。① 实践中各类法治评估及其指数中都有涉及司法评估的内容,并以中国法院案件质量评估体系作为指标构建的重要参考。原任最高人民法院司法改革办公室副主任蒋惠岭也曾在公开场合将中国法院案件质量评估纳入法治评估的范畴展开讨论。② 又如,由张保生教授带领的研究团队在我国首次研究开发了一套量化评估中国司法文明的指数,设计出司法相关权力、当事人的诉讼权利、民事司法程序、刑事司法程序、行政司法程序、证据制度、职业伦理与腐败遏制、司法公开与司法公信力、法律职业人员的职业化与保障、司法文化等 10 个一级指标,并基于此进一步设计了 50 个二级指标,其中有很大一部分内容涉及法院审判执行活动的公正、效率与效果等案件质量评估的内容。③ 董皞教授带领的研究团队经过多年的研究,开发了一套评价司法综合状况的"司

---

① 参见钱弘道、戈含锋、王朝霞等:《法治评估及其中国应用》,载《中国社会科学》2012 年第 4 期;廖奕:《法治如何评估?——以中国地方法治指数为例》,载《兰州学刊》2012 年第 12 期;李锦:《中国式法治指数若干问题的思考》,载《湘潭大学学报(哲学社会科学版)》2014 年第 3 期;等等。

② 参见王斌、王开广:《中外专家为法治评估建言献策——"法治评估:普遍性与特殊性"国际研讨会综述》,载《法制日报》2014 年 6 月 4 日,第 12 版。

③ 2015 年 3 月,该中心发布了中国首部《中国司法文明指数报告 2014》。参见张保生、张中、吴洪淇等:《中国司法文明指数报告 2014》,中国政法大学出版社 2015 年版。

法评价指标体系",其中也有针对法院审判与执行公正、效率及效果的评估指标。①

这些从法治评估视角展开的对中国法院审判执行质量评估的相关性讨论有着基本相同的逻辑线条,即更多地是从现代司法法治的角度来探讨如何对法院的司法运行过程及其结果的质量状况展开评估,特别是讨论建构符合现代司法法治标准的评估指标体系。当然,作为评估标准的现代法治对司法运行的要求虽然是由评估主体基于价值理念的主观选择(具有理论上的正当性),但同时也是经济、政治层面认可及法律制度层面予以确认的(具有制度上的合法性)。

其二,法院管理视角的研究。这是目前探讨中国法院案件质量评估的主流视角。从中国司法的制度与实践看,法院管理包括审判管理、人事管理与司法政务管理三方面内容。作为一种具体的管理方式与机制,法院案件质量评估虽然被纳入审判管理范畴,但事实上与法院人事管理也紧密关联。法院人事管理主要涉及法官(包括领导型法官及普通业务型法官)考评及其后的评优评先、岗位调整、晋职晋级、培训及出国考察等激励,以及扣除奖金、警告、记过、记大过、调岗调职,甚至开除公职等惩罚。当下,法院整体的案件质量评估结果实际上已成为考核法院领导的重要参考甚至依据,某些评估指标的评估结果已作为法官考评的重要依据。基于审判管理的角度构建的中国法院案件质量评估主要着眼于案件及其质量本身,所探讨的问题首先是评估法院、法官所办理案件的质量高低程度,并据此作出技术性的策略调整,即所谓针对案件质量的管理。就此而言,似乎法院案件质量评估与法院人事管理(主要是绩效考核)之间没有太大关联。② 但实质上,在中国当前的司法运行环境下,针对案件质量的管理必然要通

---

① 参见董皞等:《我国司法评价指标体系研究》,中国政法大学出版社2020年版。
② 有学者对目前学界将法院案件质量评估与审判绩效考核简单勾连或等同的做法提出批评。他们认为,无论是认识上还是在操作实践中,都不能将案件质量评估与审(转下页)

过对"人"的管理来实现,法院案件质量评估结果与法院、法官考评紧密关联即是其显著表征。

目前,基于法院管理视角的研究成果主要探讨了以下内容。

首先,法院案件质量评估指标的科学性、合理性问题。比如,孙海龙编著的《深化审判管理》一书指出,现行审判质量与效率考核指标存在个别指标权重欠妥、全国通行的案件质量评估与考核指标体系对地区差异性考虑不够、对审级监督考核不足等问题。② 江必新同样认为,中国目前审判管理存在的问题之一就是量化管理的指标体系设计不尽科学。③ 顾培东指出,由于各级地方法院存在具体情况上的差异性,因此,最高人民法院统一制定的评估指标体系可能很难起到通过科学评估进行比较的作用。或者换句话说,从理论上看,正是因为不同的法院之间存在这种客观差异,真正适合全国各级法院并且统一的指标体系是很难建构的,特别是还要求指标体系精细化。④ 左卫民的研究也指出,审判质量评估的指标内容存在明显的交叉和重复的地方,同时,评估指标权重分配也非常不均衡,指标的可操作性也存在一定的问题,在此情况下所完成的数据性评价的科学性、全面性就会打折扣。⑤ 杨凯指出,现行案件质量评估指标的设计并不是依据法院审判职能发挥及司法规律的客观要求,而是基于数理统计、司法统计、

(接上页)判绩效考核简单混同、随意替代。案件质量评估与审判绩效考核存在本质上的不同。一是管理对象不同。案件质量评估的直接管理对象是案件,通过案件质量评估对案件质量进行评价;而审判绩效考核的直接管理对象是"人"(即作为主体的法院或法官),其评价的是"谁"的绩效如何。二是功能各有侧重。案件质量评估侧重于评价,而审判绩效考核则侧重于激励。三是管理强度有别。从管理方法上来看,案件质量评估采取的是技术性的改进策略,而审判绩效考核采取的是行政性的激励策略。参见陈忠、吴美来:《案件质量评估与审判绩效考核衔接机制研究——以重庆法院实践为样本》,载《法律适用》2014 年第 3 期。

② 参见孙海龙编著:《深化审判管理》,人民法院出版社 2013 年版,第 56—59 页。

③ 参见江必新:《论审判管理的科学化》,载《法律科学》2013 年第 6 期。

④ 参见顾培东:《人民法院内部审判运行机制的构建》,载《法学研究》2011 年第 4 期。

⑤ 参见左卫民:《信息化与我国司法——基于四川省各级人民法院审判管理创新的解读》,载《清华法学》2011 年第 4 期。

绩效管理等理论,而且还是一种从个案情况出发,以定性为基础的过度理想化的设计。①

其次,法院案件质量评估的技术层面存在一些问题。不少学者指出,统计管理的基本方式及某些技术性问题会导致评估结果无法反映法院案件质量的真实状况。比如,顾培东认为,以事后统计为基础并且通常是各法院自行统计、以应对上级法院评价为主要目的的各种量化分值,实际上很难反映法院审判工作的真实水平和状况。② 左卫民的实证研究也发现,一些地方法院信息化建设不够,过度依赖于人工填写结案卡片而非通过电脑自动捕捉提取相关信息,这也会影响生成的数据评价的科学性、真实性。③

最后,是法院案件质量评估的结果利用问题。这是学界长期以来关注与探讨的核心问题。法院案件质量评估的结果利用中包括两方面内容:一是案件质量评估结果的运用能否实现其预期目的;二是对中国司法是否造成影响,以及造成了什么样的影响。主流的观点是,法院案件质量评估结果的实践应用虽然一定程度上有利于促使法官更为审慎办案、提高司法效率,但是其冲击了中国司法的正常结构,造成了非常突出的负面性影响。例如,龙宗智指出,建立在数字管理上的指标考核可能扭曲诉讼行为。④ 蔡彦敏通过对案件质量评估指标体系中陪审率(工作指标)、调解率(效果指标)、简易程序适用率,以及审限内审结率(效率指标)进行细致地实践观察与分析后指出,中国法院案件质量评估机制可能并未提升中国民事司法的品质及公信度,相反却加重了司法"效率性高而公信力低"的悖论现象。⑤ 理

---

① 参见杨凯:《审判管理理论体系的法理构架与体制机制创新》,载《中国法学》2014年第3期。
② 参见顾培东:《人民法院内部审判运行机制的构建》,载《法学研究》2011年第4期。
③ 参见左卫民:《信息化与我国司法——基于四川省各级人民法院审判管理创新的解读》,载《清华法学》2011年第4期。
④ 参见龙宗智:《审判管理:功效、局限及界限把握》,载《法学研究》2011年第4期。
⑤ 参见蔡彦敏:《中国民事司法案件管理机制透析》,载《中国法学》2013年第1期。

论界对法院案件质量评估结果过度绩效化而背离现代程序法治、阻碍司法现代化与国家法治化进程的批评更是甚嚣尘上。比如,艾佳慧指出,基于司法的基本特征,特别是法官"自由裁量权"的存在,以中国法院案件质量评估体系为核心的量化考评指标无法有效测度法官的业务能力、工作的努力度和廉洁度,因此,基于这些指标考核结果而展开的奖惩机制也就无法实现激励和引导法官廉洁、公正、高效地完成审判工作的预期目标。更为重要的是,这样一种机制还在很大程度上损害了司法独立、程序法治等原则。① 黄共兴、李宏伟则着重指出,目前我国法官考评参照法院案件质量评估指标并运用某些指标的评估结果,从而形成的考核内容"数字化"倾向已经严重影响到法官队伍的正规化、专业化与职业化建设。② 张青也提出,案件质量指标体系呈现出过度的主观性、冲突性、数字化以及精细化等特征,致使其所欲求之目标在案件质量管理实践中日趋异化为扭曲司法活动、悖离司法规律的制约性制度安排。③ 有鉴于此,不少论者主张要依循司法规律,甚至取消基于法院案件质量评估体系的审判绩效考核,比如湖北某基层人民法院法官甚至直接致信中央政法委、最高人民法院,建议废止目前全国法院系统通行的以案件质量评估体系为依据的审判绩效考核制度。④

我国台湾地区也有司法绩效评估与考核,同样引起了法官及学者的较大争议。批评观点如认为法官绩效考核伤害了司法本身所应当

---

① 参见艾佳慧:《中国法院绩效考评制度研究——"同构性"和"双轨制"的逻辑及其问题》,载《法制与社会发展》2008 年第 5 期;艾佳慧:《法院需要什么样的人事管理》,载《法律适用》2008 年第 10 期。更详细的讨论课参见艾佳慧:《社会变迁中的法院人事管理——一种信息和知识的视角》,北京大学 2008 年博士学位论文。

② 参见黄共兴、李宏伟:《构建符合职业化发展方向的法官考评体系》,载《人民论坛》2015 年第 2 期。

③ 参见张青:《人民法院案件质量指标体系及其功能之异化》,载《甘肃政法学院学报》2017 年第 1 期。

④ 参见王和岩:《湖北基层法官建议改善审判考核制度》,载财新网 2014 年 8 月 20 日,http://m.china.caixin.com/pad/2013-05-14/100527437.html。

具有的审判独立的价值,实质上变成了用来控制法官行为的一种工具;同时,基于司法的特殊性,我们应当看到,审判工作根本就不具有可考评性。① 不难发现,这些批评性观点与当前法院案件质量评估尤其是评估结果与绩效考核紧密关联的批评如出一辙。当然,我国台湾地区理论界与实务界也有一些支持性的观点。例如苏永钦认为,从重点关注审判独立转移到关注司法责任已成为世界各国和地区的趋势,考核是司法对民众负责不可缺少的机制,放弃考核,就是不负责。无论从司法在外界的评价仍然是贬多于褒、民众对司法的信任始终无法提高来看,或从司法给付的供不应求来看,建立法官绩效的考核制度,从裁判的量与质两方面做长期的考核,使法官能适才适所,且不至拖延泄沓,都有强烈的需要,从而足以合理化对审判独立形成的"威胁"。② 需要注意的是,由于绩效考核稍有不当就会侵害司法独立,因此,支持司法绩效考核的学者的研究中基本会涉及"如何做"的问题,包括如何设计合理的评估指标,如何运用科学的评估方法等。这也是我国台湾地区在推行司法绩效考核时所面临的一个技术难题。

(二)域外文献

域外文献中,与中国法院案件质量评估具有相关性的内容可分为两部分,其一是以各国的(司法)法治指标和指数为对象的量化研究;其二是国家或地区的司法绩效评估或考核状况的文献汇总与研究。

首先是基于测量和比较国家与地区间法治化程度差异之目的的法治评估,尤其是作为其重要内容的司法评估的文献与研究。20世纪90年代,一场研究法治指标和法治指数并以研究者构建的法治指标与

---

① 参见吕太郎:《法官考绩与签到应予废除》,载《中国时报》1994年10月19日。
② 参见苏永钦:《法官该不该考核——法官绩效考核的可行性与合宪性问题》,载苏永钦《司法改革的再改革》,元照出版公司1998年版,第361—382页。

指数对不同国家和地区法治化程度进行量化测评的法治评估运动在世界范围内逐渐兴起。其中,以世界银行研究提出的"全球治理指数"(World Governance Indicators,WGI)中的法治指数[1],以及美国律师协会发起,维拉司法研究所和阿尔特斯全球联盟主持研究的"世界正义工程(The World Justice Project,WJP)法治指数"[2]为典型代表,也包括其他一些机构研究推出的法治评估指标与指数[3]。尤其是西方法治发达国家的评估实践在全球范围内呈现出较强的影响力和示范效应,持续引发"法治指数化"的评估运动,形成了"法治 GDP"的格局。与之相伴随的是,当下中国也出现了各种法治评估方案与实践。这既包括各地区整体性、系统性的法治评估及其指数,如余杭法治指数[4]、香港

[1] 从 1996 年开始,世界银行连续推出年度《全球治理指数报告》,该报告成为衡量被考量国家(地区)政府施政水平的一个重要依据。其中,对不同国家(地区)的法治状况进行评估并计算相应的法治指数,是世界银行全球治理指数(WGI)的重要内容。参见钱弘道、戈含锋、王朝霞等:《法治评估及其中国应用》,载《中国社会科学》2012 年第 4 期。

[2] 世界正义工程(WJP)由美国律师协会于 2006 年发起,2009 年成为非政府组织,并得到盖茨基金会等民间组织和个人的赞助。WJP 法治指数的研究由维拉司法研究所和阿尔特斯全球联盟主持,二者共同开发了一套评估法治抽象概念的具体标准,并在印度昌迪加尔、尼日利亚拉各斯、智利圣地亚哥和美国纽约四个城市进行了试验。该法治指数目前已发布了 4 份年度报告(2010,2011,2012—2013,2014),分别收集了 35 个、66 个、97 个和 99 个国家(地区)的数据并进行了评估。参见张保生、郑飞:《世界法治指数对中国法治评估的借鉴意义》,载《法制与社会发展》2013 年第 6 期;孟涛:《WJP 法治指数的评价体系与缺陷》,载《中国社会科学报》2014 年 7 月 23 日,第 A7 版。

[3] 比如,维拉司法研究所 2003 年提出了一套关于安全和司法的测评指标,用以衡量不同国家司法机制和监狱管理制度。See Vera Institute of Justice, Measuring Progress toward Safety and Justice: A Global Guide to the Design of Performance Indicators across the Justice Sector (Summary Paper), http://www.Vera.org/content/measuring-progress-toward-safety-and-justice, accessed Oct. 20, 2013. 其他国际性组织的相关评估体系,如世界银行的"商业环境年度报告"(Doing Business Annual Report)、透明国际(Transparency International)的"腐败认知指数"(Corruption Perceptions Index)和"全球清廉指数"(Global Integrity Index)、"贝塔斯曼转型指数"(the Bertelsmann Transformation Index)、经济合作发展组织(OECD)的 Metagora 项目等,都直接或间接涉及不同国家或地区的法治评估。更多的关于域外法治评估尤其是从国家治理层面展开的评估的介绍,可参见俞可平主编:《国家治理评估:中国与世界》,中央编译出版社 2009 年版。

[4] 概要介绍可参见余杭法治评估体系课题组:《法治量化评估的创新实践——余杭法治报告》,载《中国法治发展报告 No.6 (2008)》,社会科学文献出版社 2008 年版,第 370—372 页。自 2008 年以来,浙江省杭州市余杭区每年都会发布余杭法治指数报告。

法治指数等,也包括针对某些特定领域的专项法治评估,如立法评估①、司法评估②等。观察域外的法治评估可以发现,在诸多类型的法治评估实践与法治指数中,针对司法运行状况所展开的评估及其指标、指数无疑是重要内容。比如,2012—2013年度"世界正义工程"法治指数中有14项评估指标涉及民事与刑事司法。③ 我国"2011计划"司法文明协同创新中心研究开发的司法文明指数及其评估指标便是在一定程度上参照该体系。④

其次,关于司法绩效评估或考核的文献与研究。我国部分学者在探讨法院案件质量评估时,将其与域外法治国家的"案件管理(case management)"相关联。⑤ 但事实上,二者的区别较为明显。域外案件

---

① 2004年,国务院印发实施的《全面推进依法行政实施纲要》中规定"积极探索对政府立法项目尤其是经济立法项目的成本效益分析制度。政府立法不仅要考虑立法过程成本,还要研究其实施后的执法成本和社会成本",此后,国务院启动了对《信访条例》《艾滋病防治条例》《蓄滞洪区运用补偿暂行办法》等行政法规的立法后评估。2011年,全国人大常委会将《中华人民共和国科学技术进步法》《中华人民共和国农业机械化促进法》作为立法后评估的试点对象。参见《积极稳妥开展立法后评估工作——访全国人大常委会法制工作委员会》,载《中国人大》2011年第14期。关于地方人大开展的立法后评估,据不完全统计,迄今为止,北京、上海、浙江、福建、江西、山东、湖北、海南、重庆、四川、云南、甘肃、宁夏等10余个省级人大常委会,以及太原、杭州、宁波、青岛、广州、珠海、武汉、长沙等10余个有立法权的市级人大常委会已经或者正在对地方性法规进行立法评估,引起很大的社会反响。参见艾志鸿:《地方人大立法评估工作概述》,载中国人大网2013年10月20日,http://www.npc.gov.cn/npc/zt/qt/dfrd30year/2009-04/14/content_1497666.htm。

② 按照对司法的广义理解,当代中国的司法评估包括公安机关、检察机关、法院各自开展的案件质量评估或案件管理机制;从狭义的司法定义出发,司法评估则仅指法院系统的案件质量评估。

③ 这14个评估指标分别为民事司法7个:人民享有并能负担民事司法费用、民事司法不受歧视、民事司法远离腐败、民事司法不受不适当的政府干预、民事司法不受不合理的拖延、民事司法得到有效执行、纠纷的非诉讼解决机制可被享有且公正和有效;刑事司法7个:犯罪调查体系有效运行、刑事裁判制度及时有效、矫正制度有效减少了犯罪行为、刑事司法制度具有公正性、刑事司法制度远离腐败、刑事司法制度不受不适当的政府干预、正当程序和被告人权利,转引自张保生、郑飞:《世界法治指数对中国法治评估的借鉴意义》,载《法制与社会发展》2013年第6期。

④ 参见张保生、郑飞:《世界法治指数对中国法治评估的借鉴意义》,载《法制与社会发展》2013年第6期。

⑤ 比如蔡彦敏:《中国民事司法案件管理机制透析》,载《中国法学》2013年第1期。

管理主体是法官,主要目的是减少迟延,而非解决司法不公,中心环节在审前,是实质意义上对"案件"的管理,这与我国审判管理特别是案件质量评估实质意义上侧重于"人"的管理的做法有着显著差别。① 事实上,真正有参照意义的是域外司法绩效评估或考核制度。

不少域外法治发达国家与地区都存在对法院、法官进行绩效考核的做法。② 例如,美国不少州都有司法绩效评估:亚利桑那州初审法院绩效评估标准、犹他州法官的选取与评量、科罗拉多州的司法绩效测评方案、阿拉斯加州司法绩效测评方案,此外,还有非常典型的由美国全国州法院中心和司法援助中心共同发布的《初审法院绩效评估标准及测评体系》。③ 美国这些司法绩效评估的功能定位相对明确,主要不是针对法院,而是针对法官,为法官留任选举提供参考④,当然,也有的是为提高法官的业绩而非为了重新选举⑤。我国最高人民法院所推行的案件质量评估体系主要就是借鉴了《初审法院绩效评估标准及测评体系》。⑥《初审法院绩效评估标准及测评体系》中设计的评估标准虽然已为美国司法界所接受,但基于司法独立的理论与制度,指标的实际运用在实践中也遭到普遍质疑,比如批评指标运

---

① 参见江必新:《域外案件管理改革的借鉴与启示》,载《比较法研究》2013 年第 4 期。
② 一个简单的介绍可参见郭松:《绩效考评与司法管理》,载《江苏行政学院学报》2013 年第 4 期。
③ 相关介绍可参见张军主编、最高人民法院研究室编著:《人民法院案件质量评估体系理解与适用》,人民法院出版社 2011 年版,第 341—352 页。
④ 参见张军主编、最高人民法院研究室编著:《人民法院案件质量评估体系理解与适用》,人民法院出版社 2011 年版,第 346 页。
⑤ 比如,新泽西州于 1979 年开始了试探性的业绩评估计划,该计划于 1986 年被正式采纳。参见怀效锋主编:《法院与法官》,法律出版社 2006 年版,第 238 页。
⑥ 1990 年,《初审法院绩效评估体系》第一版发行,其中指明了 5 项一般性标准:司法的可接近性(access to justice);案件处理的效率与及时性(expedition and timelines);平等与诚信(equality, fairness and integrity);法庭的独立与问责(independence and accountability);公众的信任与信心(public trust and confidence)。See United States Department of Justice, Trial Court Performance Standards with Commentary: A Joint Project of the National Center for State Courts and the Bureau of Justice Assistance, 1990. 转引自施鹏鹏、王晨辰:《论司法质量的优化与评估——兼论中国案件质量评估体系的改革》,载《法制与社会发展》2015 年第 1 期。

用目的遭到扭曲,成为政府监督法院的手段。① 从论争的焦点来看,美国学者在探讨(选举型法官)司法绩效评估时,主要集中于司法独立与司法责任两个问题。反对者往往指责司法绩效评估是对司法独立的精心打扮的攻击。② 支持者则认为,从司法责任的角度来讲,司法绩效评估具有存在的必要性,同时,在司法绩效评估与司法独立之间建立起协调关系,能保证绩效评估与司法独立不冲突,只要评估体系正确设计(具有良好的、可识别的标准)与管理,那么对司法绩效评估的批评就是乏力的。③

(三)既有研究的不足

既有研究为我们了解中国司法评估包括法院案件质量评估机制的运行状况提供了重要参考,也积累了一定的理论素材,并为我们深入研究中国司法评估体系的改革奠定了良好基础。有些研究成果,例如当下中国比较热衷的法治评估与法治指数包括专项司法评估指数,虽然与中国法院系统自行开展的案件质量评估机制在某些方面存在不小差异④,但基于基本原理的相同性,其价值理念、社会功能和技术手段也可以在一定程度上为中国司法评估的改革与完善,尤其是评估指标的设计及其权重分配提供某些有益参考。不过,囿于视角、方

---

① 参见施鹏鹏、王晨辰:《论司法质量的优化与评估——兼论中国案件质量评估体系的改革》,载《法制与社会发展》2015年第1期。

② 对于司法绩效评估的一个主要担忧是,司法独立会屈从于(司法绩效评估委员会)委员的意志。See Kevin M. Esterling, Judicial Accountability the Right Way, 82 Judicature 206 (1999).

③ See Penny J. White. Judging Judges, Securing Judicial Independence by Use of Judicial Performance Evaluations, 29 Fordham Urban Law Journal 1053(2002).

④ 需要注意的是,法治评估包括专项司法评估中针对司法运行状况的评估,主要使用的是主观指标,这与中国法院案件质量评估体系中以客观指标为主的模式相比存在显著差异。同时,域外司法评估的评估主体、方式及评估结果的使用也与中国法院案件质量评估不同,比如,中国法治评估或专项评估的嵌入性(从属于依法治国方略与法制现代化框架)、由评估对象自我主导、对法治理解的广义性,等等;并且在很大程度上,中国的法治评估包括专项评估,中国法院案件质量评估体系主要服务于评估主体的绩效管理。

法与主题的限制,既有研究仍存在着以下几方面问题:

第一,缺乏对中国司法评估体系尤其是评估指标全面、系统的理论分析。这些研究多集中于某个或若干指标的实证性分析,主要是基于管理论的视角,对评估指标及评估结果的绩效化、考核式运用对司法实践造成不当影响的批判性研究;缺乏系统地从认识论角度,基于司法本质、价值理论和中国司法所处的宏观背景展开的理论研究。

第二,对中国司法评估的实证性研究也过于简单,不够系统与深入。特别是关于评估指标在实践中究竟发生何种作用,哪些指标在实质性地起支配作用,法院案件质量评估究竟对中国司法造成了什么样的影响,目前都未有较为系统的研究成果。

第三,最高人民法院已经取消对高级人民法院的考核排名,同时也要求高级人民法院取消本地区不合理的考核指标。此外,最高人民法院首次明确指出将案件质量评估指标分为约束性指标与参考性指标;《人民法院第六个五年改革纲要(2024—2028年)》提出要构建完善符合司法规律、务实管用的审判质量管理指标体系。对于新一轮改革举措的评价、分析、预测与展望,目前尚有进一步研究的空间。

第三节　研究思路与具体内容

一、研究思路

对于文章写作或者专题研究而言,正确的提问(question)首先来自对具体问题(issues)的把握,需要透过纷繁复杂的实际问题(problems)的表象发现其本质,从而探索学术传统的脉络、矛盾和突破口。① 其实质包括三个层面:发现真问题、洞察问题本质和完善已有研究。探讨中国司法评估机制的完善与革新,同样需要这样的研究逻辑与思路。首先,发现中国法院案件质量评估的真问题。这需要从两方面着力,一是对制度体系的合理性分析,二是对实践运行的实证性分析。其次,运用相关的社会科学知识洞察和阐释中国法院案件质量评估实践运行机制及其效果产生的原因,以及其背后的深刻逻辑。最后,实现对既有的关于中国法院案件质量评估研究的突破或补充,并为制度的改革提供建议。

二、具体内容

基于上述研究思路,本书将主要探讨中国司法评估中的如下具体问题。

其一,把握司法评估的理论、制度与实践。任何一项评估工作的展开都必须符合评估对象本身的内在特质。就司法评估而言,笔者一直强调要符合司法的本质特征与审判规律,并且要设计科学、合理、协调并且可行的指标体系。那么,从司法的基本理论看,究竟什么是司法的本质特征?什么是审判规律?什么样的评估机制才是科学、合理与可行的?对此展开系统分析是讨论中国司法评估的前提与核心。以司法的基本理论为出发点,同时辅之以管理学中关于指标设计的效度与信度理论,本书将首先探讨中国司法评估指标体系的科学性、客观性与合理性,即中国当前的诸多司法评估指标体系能否有效反映司法本质、司法目的、司法价值、司法功能对法院

---

① 参见冯象:《法学院往何处去》,载《清华法学》2004年第1期。

司法改革、审判执行工作的质量的基本要求。其次,分析法院司法评估结果的运用方式与实际效果,特别是其对中国司法带来了何种积极或消极的影响。

其二,挖掘中国司法评估机制背后的逻辑,分析其与中国政治权力运作以及社会宏观背景之间"剪不断"的关系。就法院系统内部的司法评估机制而言,作为一种管理控制手段,法院案件质量评估实际上是法院组织系统内部权力运作的一种具体方式。这种方式与中国法院所身处的政治、社会和文化密切相关。换言之,中国法院案件质量评估机制并非仅仅是一个技术问题,而是同时紧密勾连着中国司法背后的体制性与社会性因素,深刻反映了中国的政治权力运作的基本特征,也与当下中国的社会宏观背景无法脱离。事实上,只有意识到这一点,我们才能更为深刻地体会、理解和领悟中国法院案件质量评估制度变革可能面临的问题,乃至中国司法制度现代转型的困难与挑战。

其三,评析中国司法评估机制的新一轮改革,并为其具体展开提供相对可行的视角、进路与建议。从制度目的来看,我国司法评估的一个重要目的在于推动国家法治化建设进程。① 甚至可以说,中国法院案件质量评估某种程度上从属于司法现代化与法治现代化(法治建设)这一基本命题。② 有鉴于此,本书将在准确把握中国法院案件质量评估现实问题的基础上,立足于中国司法现代化的价值诉求,考虑中国法院所身处的组织环境,有针对性地提出法院案件质量评估制度变革的政策性或对策性建议,助力于推动司法现代化和国家法治建设

---

① 《最高人民法院关于开展案件质量评估工作的指导意见》明确指出,法院案件质量评估工作"对于正确把握审判形势、总结审判经验、增强审判能力、改进审判工作、推动国家法治化建设进程,具有重要意义"。

② 有学者曾指出,我国的法治评估从属于法治现代化这一框架,属于中国经济体制和政治体制改革的重要环节,具有转型期的时代特点。参见钱弘道等:《法治评估及其中国应用》,载《中国社会科学》2012年第4期。中国法院案件质量评估作为法治评估的重要专项内容,事实上也具有从属于司法现代化及法制现代化这一基本框架的特征。

进程。

需要指出的是,司法评估是一项系统性工程,其具体内容涵括了从评估指标设计及权重分配,评估方法的选择,到评估数据收集,再到对数据进行数理统计并得出评估结果,最后运用评估结果展开审判运行态势分析、司法管理决策和考核的全过程。其中,评估方法的选择、数据收集与数理统计则更多属于技术层面的操作方式。虽然这对于司法评估的有效运作而言同样重要,甚至可能具有基础性的作用——比如数据收集,实践中也确实存在不少问题,特别是如何保证数据的客观性与真实性,一直以来都是司法机关内部评估考核、司法统计的老大难问题①,也是外部评估最为关注的问题。但鉴于这些问题基本上没有牵涉法学(司法)理论,同时笔者研究能力有限,因此本书不作重点探讨。

第四节 研究方法与材料来源

一、研究方法

司法评估是法院系统的一项管理机制,从属于法院(司法)管理学这一交叉学科。因此,本书的研究属于典型的交叉学科研究。在研究方法上,本书首先将重点运用法学研究的价值分析、规范分析方法,以司法的基本法理包括司法的目的、本质、特征及规律为根基,从理论上阐释当运用组织管理的方式对法院、法官进行监督(控制)时,应当注

---

① 最高人民法院院长张军曾指出,有客观、准确的评估数据,才有可靠、正确的评估结论。对于如何解决这个问题,张军提出了建议,包括通过制度创新保证评估数据真实,通过技术创新排除人为数据干预,加大对数据造假行为的惩处力度。参见张军:《认真学习指标体系 贯彻落实(指导意见)》,载张军主编、最高人民法院研究室编著:《人民法院案件质量评估体系理解与适用》,人民法院出版社 2011 年版,代前言。

意司法系统的哪些独特性。实际上就是探讨法院案件质量评估体系的"科学性"和"规范性"意味着什么。其次,本书也将运用实证研究方法,通过深入观察与细致描述,呈现中国司法评估机制的实践运作状况。具体的实证研究方法包括档案查阅、深度访谈、数据统计与分析等。最后,鉴于研究对象的特殊性,本书也将在一定程度上运用社会学、政治学、公共管理学、统计学等学科理论知识展开分析。

二、材料来源

本书实证材料主要有两类来源。第一类来源是笔者调研的东西部 A、B、C 三个省的高级人民法院(A 高级人民法院、B 高级人民法院、C 高级人民法院)①,以及两个中级人民法院(A 高级人民法院下辖的 A1 中级人民法院与 A2 中级人民法院)②与三个基层人民法院(B 高级人民法院下辖的 b1 基层人民法院、b2 基层人民法院③,C 高级人

---

① A 高级人民法院所处省份位于西部地区,经济发展水平居于全国中等,2013 年年末常住人口 8107 万人,全年实现地区生产总值(GDP)26260.8 亿元,城镇居民人均可支配收入 22368 元,农村居民人均纯收入 7895 元。B 高级人民法院所处省份位于东部沿海地区,经济发展水平居于全国前列,2013 年年末常住人口 10644 万人,实现地区生产总值(GDP)62163.97 亿元,全年城镇居民人均可支配收入 33090.05 元,农村居民人均纯收入 11669.21 元。C 高级人民法院所处省份位于东部地区,经济发展水平同样居于全国前列。2013 年年末常住人口 7939.49 万人,实现地区生产总值(GDP)59161.8 亿元,根据住户抽样调查,全年城镇居民人均可支配收入达 32538 元,农村居民人均纯收入达 13598 元。

② A1 中级人民法院所处市系 A 省经济中等发达地区,2013 年年末常住人口 352.4 万人,全年地区生产总值(GDP)1395.9 亿元,全年城镇居民人均可支配收入 24801 元,农村居民人均纯收入 10094 元。A2 中级人民法院所处市系 A 省经济欠发达地区,2013 年年末常住人口 331.72 万人,全年实现地区生产总值(GDP)415.94 亿元,全年城镇居民人均可支配收入 18937 元,农村居民人均纯收入 6137 元。

③ b1 基层人民法院所处市(比较特殊的单一行政区划地级市,共三个基层人民法院)系 B 省经济发达地区,2013 年年末全市常住人口 831.66 万人,实现地区生产总值(GDP)5490.02 亿元,全年城市居民人均可支配收入 46594 元,农村居民人均纯收入 27214 元。b2 基层人民法院所处县系 B 省经济欠发达地区,2013 年全县地方生产总值 58.52 亿元。

民法院下辖的 c1 基层人民法院①)的实证材料。需要指出,由于审判管理信息与相关材料在各省三级法院之间具有一定程度的共享性,因此,笔者的调研地点虽然仅限于上述几个法院,但获取的相关资料却不局限于此,而是同时获取了三个省份内其他非调研法院的部分有价值的实证资料。具体包括:①关于审判管理特别是案件质量评估的法院内部文件、制度等材料;②法院审判管理数据库获取的材料;③访谈法官所得的材料。

第二类来源是已公开出版的著作、公开发表的论文、互联网上披露的文献资料及信息中相关的实证材料。

关于研究样本的选取及其代表性,有两个问题需稍作说明。其一,研究样本的选取首先出于实证资料获取的方便性及真实性。正因为在上述调研法院中,笔者能够利用正式的、上级法院系统的权力资源,以及在先前的社会交往中累积起来的非正式的权力资源②,较为方便地获取有关司法评估运作的实证资料,并基本保证资料的真实性。其二,研究样本的代表性。整体而言,本书选取的调研法院涵盖全国范围内社会经济文化发展水平较高地区、一般地区与落后地区,力图做到样本的"有限却完整"③。此外,A 省法院与 C 省法院是全国范围内较早试点开展案件质量评估的法院,其案件质量评估体系的构建与

---

① c1 基层人民法院所处市系 C 省经济较发达的试点省直管县(市),2013 年年末全市户籍总人口 752926 人,外来暂住人口达 125.53 万人,全市实现地区生产总值(GDP)2920.08 亿元,城镇居民人均可支配收入 43436 元,农村居民人均纯收入 25550 元。

② 例如,笔者曾参与过与 A 省高级人民法院审判管理办公室(以下简称"审管办")合作的课题,并建立了良好的合作关系,在调研中,笔者正是利用 A 省高级人民法院审管办的上级法院权力资源,从而较为方便地进入 A1 中级人民法院、A2 中级人民法院展开调研。B 省及 C 省相关法院的调研则利用了非正式的权力资源。关于在法律社会学研究中正式与非正式权力资源对知识获取重要性的论述,可参见苏力:《法律社会学调查中的权力资源》,载苏力:《送法下乡——中国基层司法制度研究》,中国政法大学出版社 2000 年版,第 424—444 页。

③ 参见王亚新等:《法律程序运作的实证分析》,法律出版社 2005 年版,第 7 页;王亚新:《纠纷、秩序、法治——探寻研究纠纷处理和规范形成的理论框架》,载《清华法律评论》(第 2 辑),清华大学出版社 1999 年版。

运行也较为成熟。更为重要的是，由于各个法院在接受执政党领导、意识形态、组织建构和运作方式上具有统一性，并且也都实施相同的法律、执行相同的司法政策，因此，虽然有三千多个法院，但其间的差异性要远远小于其统一性。况且，中国司法评估本身即是"统一"的组织权力运作的具体方式。从这一层面上来讲，本书通过选取部分法院展开的研究应当可以较为客观地描绘出目前中国司法评估机制的实践状况。

第一章 司法评估的基础理论

第一节 司法评估的类型划分

目前司法评估主要分为两大类:一类是在综合性或亚综合性法治评估,如中国人民大学的中国法治评估报告、东南大学的刑事法治指数等中的司法评估。另一类是专门性的司法评估,此类评估又分为四种:第一种是综合性司法评估项目,如中国政法大学的中国司法文明指数、广州大学公法研究中心的中国司法综合指数等;第二种是司法透明度类评估项目,如中国社会科学院法学研究所的中国司法透明度指数和中国检务透明度指数、浙江法院系统的阳光司法指数等;第三种是司法公信力类评估项目,如上海法院系统的司法公信力指数、安徽芜湖经开区法院司法公信力评估、上海市知识产权法院司法公信力评估等;第四种是最高人民法院组织实施的案件质量评估体系。

第二节 司法评估的基本要素

一、评估主体

评估主体在评估活动中的地位与作用是非常重要的。这是因为,对于一个评估活动而言,不同的评估主体对评估工作的展开,尤其是最终得出什么样的评估结论会产生很大的影响。① 从评估机构的身份来看,公共组织质量或绩效评估一般可分为内部评估与外部评估两种类型。所谓内部评估,是指由组织内部评估者完成的评估,是一种典型的"自我评估";外部评估则是指由组织系统外部的评估者所完成的评估。外部评估一般也可以分为两种类型:一是公共组织委托其他营利性或非营利性组织包括学术团体乃至于专家学者进行的评估;二是由公共组织外的其他评估主体自己进行的评估。②

整体上看,两种不同主体类型的评估各有利弊。内部主体评估的优势在于,评估主体本身就是组织系统内部的管理者、决策者或工作人员,可以较为便捷地获取有关自身工作运行状况的第一手资料,因此对其工作情况有着比较详尽、透彻的了解,得出的评估结论更真实可靠,同时,也能促使其评估结果真正发挥作用,"有效把雇员与整个评估过程结合起来,进行自我管理、自我调控"③。一般而言,有效的内部评估能够为管理者提供必不可少的支持。④ 当然,内部主体的评估也存在明显的局限性,要求公共组织对自己的行为作出客观公正的评价实非易事。理由如下:"首先,评价意味着批评,对公共组织成员来说就是对他们能力的质疑,影响自己的声誉,因而评价往往夸大成绩,掩盖失误;其次,评价往往代表着某一组织的局部利益,这使得绩效评价容易走向片面并带有浓厚的主观色彩;最后,绩效评价是一项复杂而细致的工作,需要评估者掌握相关的理论知识,并熟悉专门的方法技术,而公共组织人员本身往往缺乏这方面的系统培训。"⑤

---

① 参见汪全胜:《法律绩效评估机制论》,北京大学出版社 2010 年版,第 139 页。
② 参见崔运武主编:《公共事业管理》,复旦大学出版社 2013 年版,第 159 页。
③ See Laird W. Mealier & Gary P. Latham, Skills for Management Success: Theory Experience and Practice, McGraw-Hill Education, 1995, p. 559.
④ See Evert Vedung, Public Policy and Program Evaluation, New Brunswick and Transaction Publishers, 1997, p. 117.
⑤ 齐二石主编:《公共绩效管理与方法》,天津大学出版社 2007 年版,第 90 页。

与内部主体的评估相比,外部主体的评估优势在于,由于主体的中立性或独立性,一般可以展开比较客观的评估,评估者很少有偏见。但是,外部主体的评估也存在不可忽视的缺点或劣势,即很难获取有效的评估资料或信息,并基于此展开充分的评估,同时,由于这种评估一般缺乏权威性,所得出的结论也难以得到有效的重视与利用。①

当下中国的司法评估,特别是法院案件质量评估是一种以内部评估、自我评估为主,部分带有外部评估因素的机制。从运行机制上看,法院案件质量评估是由法院组织系统内上级法院对下级法院、法院自身的审判管理部门对业务庭及法官展开的,属于典型的内部评估。同时,需要注意的是,针对"公众满意度"这一指标的评估,《最高人民法院关于开展案件质量评估工作的指导意见》规定,可以根据需要由法院自己组织实施,或者自身没有条件展开评估的,可以委托民间调查机构进行,调查对象是人大代表、政协委员、廉政监督员,此外,更为重要地,还包括当事人及其代理律师或辩护律师、社会公众等,调查一般通过问卷的形式进行。显而易见,这意味着司法评估也带有部分外部评估的因素。从理论逻辑上而言,法院系统这种带有强烈的内部主体评估特征的评估机制,固然具有方便获取评估资料、评估结果更易得到重视的优点,但与此同时也可能存在夸大自身成绩、掩盖失误的弊端。这也是学界批评司法评估机制的重要内容。

二、评估客体

评估客体指评估机制指向的具体对象,是一种现实的客观存在。司法评估的对象主要是"法院案件",具体的评估内容是"质量"。关

---

① 参见齐二石主编:《公共绩效管理与方法》,天津大学出版社 2007 年版,第 90 页。

于什么是法院的案件质量,需要作出理论上的细致分析。本书绪论已对"法院案件"及"质量"展开了简单分析,比较了与其相关的若干概念。此处,需要再次强调的是,"法院案件"实质上是指法院提供的一种司法服务,这种司法服务乃以案件为载体或对象;"质量"则是指法院的这种司法服务的优劣或好坏程度。关于"质量"这一概念,早期在企业管理的实践中,是从经济价值的角度来阐释与理解的。而在现代社会中,由于"质量"一词广泛应用于政治、经济与社会等各种领域,因此不再局限于从经济角度展开理解,而是具有多元化的色彩。① 但是,在根本意义上,"质量"概念的核心意涵仍然是用以表达客体所满足主体的某种期望或潜在需求的能力。

最高人民法院在其专著中专门对"法院案件质量"的内容作出过相应交代:案件质量是反映人民法院处理纠纷的全过程,符合相关法律、法规规定,满足当事人对诉权需求,并为社会公众所接受的综合体。② 具体而言,最高人民法院的这一界定实质上首先意味着,作为评估对象与内容的"法院案件质量"是一种符合性质量,即法院所处理的案件的过程与结果符合法律制度的规则的程度③,也即合法性;以及符

---

① 参见黄镇海:《现代社会的质量概念》,载《自然辩证法研究》2009 年第 7 期。
② 参见张军主编、最高人民法院研究室编著:《人民法院案件质量评估体系理解与适用》,人民法院出版社 2011 年版,第 5 页。
③ 从这个层面上来看,中国法院案件质量评估在某种程度上与立法评估中的立法后评估有着部分内容上的一致性。所谓立法后评估,一般是指在法律法规实施一段时间以后,对法律法规的实施效果、功能作用以及存在的问题,进行跟踪调查和综合评估,包括评估法律法规对经济、社会和环境的实际影响,评估社会执法、司法和守法的具体问题等,其目的是为法律法规的修改和完善提供依据,不断改进立法工作,提高立法质量和立法水平。参见席涛:《立法评估:评估什么和如何评估(上)——以中国立法评估为例》,载《政法论坛》2012 年第 5 期;熊艳峰:《浅议立法后评估的制度化》,载《长沙民政职业技术学院学报》2006 年第 2 期。立法后评估与法院案件质量评估有着某种程度的重合之处。这是因为,法院司法本身就是一种法律实施活动。立法后评估也会评估司法人员严格遵守法律行事的问题,只不过,立法后评估关注的重点,比如评估发现法律没有得到严格遵守,那么是否是法律本身出现了问题,如法律本身的适当性、可操作性欠缺,或与其上位法冲突等,即所立的法律是否为"良法"的问题。而中国法院案件质量评估,则是搁置了法律是否为"良法"的问题,或推定其是良法,评估的是司法人员遵守法律的程度,如果发现没有遵守,则考虑是不(转下页)

合当事人及社会公众的需求并为他们所接受的程度,即可接受性。当然,最高人民法院的这种解释是否有问题是值得探讨的,特别是在现实中合法律性与可接受性往往容易产生冲突的情况下。此外,前述界定还意味着"法院案件质量"是一种全面性的质量,即法院案件质量不能简单等同于裁判文书的质量,也并非仅仅是指审判结果的质量,而是从诉讼纠纷进入法院审查、立案伊始到庭前准备、庭审,再到判决、宣判及其后的执行过程与效果的全部,也即法院案件质量评估的全面性特征。①

需要注意的是,虽然法院案件质量评估机制所评估的对象与内容乃作为整体性的、全面性的法院案件质量的首要因素,但事实上所谓整体性的案件质量仍然脱离不了具体个案,即整体性案件质量必然是由一个个具体案件的质量叠加而成。这就形成了法院案件质量的一个层级体系(见图1-1)。

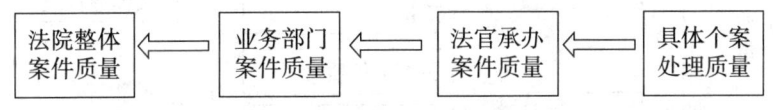

图1-1 中国法院案件质量层级

司法质量可以根据不同的组成内容划分不同类型。笔者以为,司法可以作如下简单划分。首先,按照法院诉讼的不同阶段可以划分为立案阶段案件质量、审判阶段案件质量及执行阶段案件质

(接上页)是司法不廉洁、司法人员主观努力度不够、司法人员专业水平不够,抑或司法环境的问题,并从司法机构本身出发,作出科学的调整。根本意义上,立法后评估是意图从法律实施状况看,是否是法律本身出了问题,需要修改或废止;司法评估同样也是从法律实施状况来看,但其关注的则是司法系统内部是否出了问题,从而需要改善管理。

① 最高人民法院研究室出版的专著指出,人民法院的主要工作,就是处理案件、解决争议,任何与案件处理、解决争议直接相关的过程,都应当纳入案件质量的范畴。因此,从纠纷诉至法院开始,对于起诉的审查、立案,开庭前的各种准备活动,庭审的过程,合议庭评议,审判监督委员会讨论案件的过程,审判庭作出判决、宣判,判决后的执行过程及效果等,都是反映案件质量的各个环节。参见张军主编、最高人民法院研究室编著:《人民法院案件质量评估体系理解与适用》,人民法院出版社2011年版,第5页。

量等；其次，在中国当前的法院组织系统中，从案件处理的方式看，由于实行"调审合一"的司法制度，案件质量可以划分为经调解处理的案件质量、经裁判处理的案件质量；再次，根据案件类型的不同，可以划分为民事案件质量、刑事案件质量与行政案件质量；最后，从整体上看，不管是立案、审判与执行阶段，还是经调解或裁判处理的案件，都涉及过程与结果两方面内容，亦可称为程序与实体两方面的案件质量（见图1-2）。

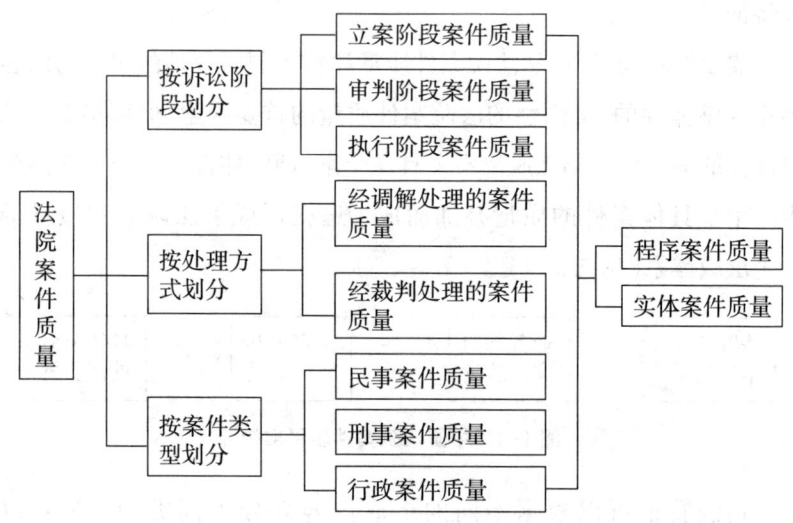

图1-2　法院案件质量类型

需要指出的是，事实上，除从公正、效率、效果三个层面对法院案件质量本身这一最核心的评估客体展开系统性评估之外，司法评估机制还可以对影响案件质量的其他重要内容展开评估。例如，法院制度与职权配置，特别是司法责任制的改革情况，法院审判管理机制，法院的财、物等经费与装备保障情况等，实际上都属于在很大程度上影响案件审判公正、效率及效果的重要因素，一些因素如司法责任制改革状况等甚至在一定程度上可能发挥着决定性的影响。也正因如此，不管是体制内的还是体制外开展的司法改革评价、司法综合评估项目,均会在关注法院案件质量的基础上,同时着重评估其他相关的运行机制。

三、评估目的

评估活动的启动有多种原因,譬如帮助改善管理、为支持者或批评者辩护、获取效果信息、提供决策所需的基金、提供关于项目结构或行政管理的信息、回应政治压力等。① 评估主体需要首先说明的问题就是评估目的究竟是什么,这是评估活动开展的基础。从官方性的解释来看,当前中国法院系统开展案件质量评估工作的目的包括内部目的和外部目的两个方面。内部目的是指加强审判管理,促进司法公正、效率、效果的提升,从而推动法院各项事业的科学发展。外部目的则是指通过司法评估工作促进司法公正、缩短审理期限、降低诉讼成本,以此增强审判的法律效果和社会效果,提升法官的权威性和司法的公信力。② 细致分析不难发现,当前这种区分式的修辞表述其实具有内容指向的一致性,即不管是从内部目的看,还是从外部目的看,司法评估机制都是力图在有效保证并提高司法服务产品的质量。

从产生的背景上看,司法评估机制是与法院在社会转型的新时期所遭遇的现实困境相伴而生的。20世纪90年代中后期,中国展开了一场更多强调司法专业性、中立性、合法性、公正性、被动性、终局性及法官的独立性与职业化等现代法治理念的司法改革。在审判权的内

---

① 参见[美]彼得·罗希、[美]马克·李普希、[美]霍华德·弗里曼:《评估:方法与技术》(第7版),邱泽奇等译,重庆大学出版社2007年版,第25页。
② 参见张军主编,最高人民法院研究室编著:《人民法院案件质量评估体系理解与适用》,人民法院出版社2011年版,第16页。

部运行机制上,最高人民法院发布的《人民法院五年改革纲要》确立了"放权"或"还权"于法官的改革思路,力图弱化司法系统内部的行政化,使司法在真正意义上成为司法。然而,受制于法官素质与司法环境等因素的影响,此次改革的预期目标似乎并未得到有效实现,反而出现了审判质量大幅下降、诉讼效率不高、司法腐败滋生等较为严重的问题。① 彼时,司法的公信力受到较为严重的质疑和冲击。为了解决这些问题,特别是为了缓解当事人及社会公众对司法的严重不满,最高人民法院展开了又一轮纠偏性的司法改革。加强审判管理,建构科学合理、符合规律的审判管理体制正是在这一轮司法改革中提出来的,而司法评估则是其中的重要乃至于核心内容。从官方层面的话语表述看,最高人民法院研究室编著的著作中对司法评估出台的背景性因素总结为以下几个方面:

整体而言,社会公众对司法的利益诉求在新的历史时期表现得越来越强烈,包括要求司法更为公正和高效,司法应当更具权威性,等等。然而实践中,法院当前的司法工作难以跟上新形势发展的要求,特别是未能够完全适应社会及公众对司法工作的新要求和新期待。在社会与公众日益增长的司法需求面前,法院司法功能相对滞后、司法能力相对不足的问题尤为突出,并且导致了一系列的矛盾。具体而言,在这一时期,法院所办案件有不少质量不高,主要体现在有些民商事案件、行政案件处理不妥当,刑事案件量刑失轻失重,导致二审发回改判率上升。同时,从效率层面来看,不少法院的办案效率不高,一些案件得不到及时处理,超审限的现象比较严重,甚至久拖不决。实践中甚至有不少法院基于自身利益的考虑,强化了地方保护主义,严格司法的要求得不到有效实现。另外,长期以来存在的"申诉难""执行难"等问题仍然得不到很好的改

---

① 参见公丕祥:《当代中国的司法改革》,法律出版社 2012 年版,第 130 页。

善。上述种种问题都严重影响了法院审判职能的有效发挥,冲击了法院公正司法的形象。①

毋庸置疑,司法评估正好迎合并满足了中国法院系统面对新时期的现实要求,想要有效监督法官,并以此提高审判执行工作质量的急切需求。需要指出的是,司法评估实际上与法院系统展开的不少程序性改革措施,例如,中国特色案例指导制度改革、量刑规范化改革等在目标指向上是具有一致性的,即都是致力于提高法院审判执行案件质量。只不过,它们分别从不同的角度来展开,前者是基于组织理性视角,后者则是基于程序理性视角。

与评估目的紧密关联的是评估机制的功能。所谓功能,是指制度、事物或方法所发挥的有利作用。中国司法评估机制的功能是指作为法院审判管理机制重要内容的案件质量评估对于法院管理及司法运作所具备的积极作用。整体来看,司法评估具有评价分析功能、决策参考功能、行为引导功能、激励监督功能等复合预期功能。所谓评价分析功能,是指司法评估具有全面了解法院审判执行的工作情况,把握司法运行态势,并基于此对司法运作过程与结果优劣程度作出客观评价的作用;决策参考功能是指司法评估的结果可以为法院的审判管理和决策提供有效的参考依据的作用;行为引导功能和激励监督功能更多指向法官,即司法评估尤其是法院所设立的评估指标可以为法官提供明确的指引,同时,通过案件质量评估观察、测度法官在完成既定目标上的好坏、优劣程度,有效地实现激励与惩罚,推动法官向提高审判执行案件质量的方向努力。

---

① 参见张军主编、最高人民法院研究室编著:《人民法院案件质量评估体系理解与适用》,人民法院出版社2011年版,第10页。

四、评估标准

对于司法状况的评估,或者说对司法运作之效果的评估,需要确立一定的评估标准,其后按照评估标准设定相应的评估指标并架构起一套逻辑上紧密关联的指标体系,从而对司法运作之状况,特别是效果,即司法质量状况有个全面、真实与客观的了解。从评估工作的整个过程看,合理地确立标准,并基于此建构合理的指标体系乃决定评估工作成败的重要因素。[1]

评估标准的确立与评估主体展开评估的具体进路之间存在很大关联,不同的评估进路下会产生不同的评估标准。对于从何种进路展开对司法质量状况或司法运行效果状况的评估,其实可以从法治评估不同进路的理论模型上获得灵感。正如绪论所述,虽然在某些方面两者仍然存在一些显著区别,但从理论层面看,司法评估乃评估的范畴。因此,法治评估的不同进路及其评估标准的确立当然可以作为司法评估的理论参照。

张德淼与李朝两位学者借鉴了沃克将法治划分为价值型进路法治与制度型进路法治的方法[2],提出了法治评估的"价值型进路"与"制度型进路"两种理想类型。[3]

所谓法治评估的价值型进路,是指从预设的有关法治的若干价值标准出发,设计一系列量化或质化的评估指标,进而评估法治建设情况符合这些价值标准的程度。一般而言,这些法治价值标准来源于理

---

[1] 参见汪全胜:《法律绩效评估机制论》,北京大学出版社2010年版,第167页。

[2] 沃克提出"人们无法明确法治的定义,但至少可以依照不同的路径或标准定义法治",并归纳出法治的制度型路径和价值型路径。See Geoffrey D. Walker, The Rule of Law: Foundation of Constitutional Democracy, Melbourne University Press, 1988, pp. 9-11.

[3] 参见张德淼、李朝:《中国法治评估进路之选择》,载《法商研究》2014年第4期。

论者所总结或概括的现代法治理念,是"从西方法治理论中寻找。从涂尔干到韦伯,从富勒、拉兹到菲尼斯,都在不同层面上展示了法治的基本价值,这些理论家们提出的法治基本价值构成法治评估指标体系的基础①"。简而言之,法治评估的价值型进路所体现的乃从"理论"到"现实"的过程,以法治的理论之镜照进法治建设的现实状况,是以法治的价值性要素为衡量标准对法治建设状况进行的评估,强调的是法治价值实现的程度及与法治理想的差距。

所谓法治评估的制度型进路,则是指以体制性进路来对法治进行研究,这种对法治的理解着重于看政府是否透过法律和在法律之下行事。制度型进路下的法治评估是从"现实"到"现实"的过程,即以现实中已然存在的对法治的规划与要求,尤其是已经体现在法律制度层面的要求作为评估标准,更多强调通过对法律制度实施状况的分析和研究来评估法治建设情况。在两种进路的评估模式中,实际上是评估主体选取的不同评估标准起决定性作用,即在价值型的评估模式中,有关法治的价值性要求作为评估标准而存在;而在制度型的评估模式中,则是现实中已经规划的尤其是法律制度上已经明确规定的要求作为评估标准。

基于相同的原理性,或者二者之间本身的系属关系,对司法质量状况或司法运作状况的评估也可以划分为价值型评估与制度型评估两种类型,并可以区分不同的评估标准。司法质量的价值型评估,意味着评估内容是法院审判执行活动之过程与结果状况与现代司法价值理念及要求相符合的程度。司法质量的制度型评估则意味着司法运行的过程与结果符合法律法规、司法解释规定之要求的程度。以这两种理论类型为参照不难发现,当下法院系统构建的案件质量评估机制是一种制度型进路下的评估,其评估标准自然是法律制度层面对于

---

① 付子堂、张善根:《地方法治建设及其评估机制探析》,载《中国社会科学》,2014年第11期,转引自张德淼、李朝:《中国法治评估进路之选择》,载《法商研究》2014年第4期。

司法运作过程与结果的要求。而大量的第三方机构开展的司法文明指数、司法公信力指数、司法综合指数等评估，则在很大程度上偏向于价值型评估，即主要以现代司法的基本规律为基础，同时考虑中国的现实需要，立足于中国式司法现代化的时代发展之需要。

第三节　司法评估的相关理论

一、司法评估的认识论基础

评估或评价涉及哲学层面认识论问题。关于评估或评价是不是认识活动，学界存有争议。否认评价活动认识论本质的观点在国内外都有一定市场。例如，两位哲学大师罗素与艾耶尔都认为，评价意味着一种价值判断，由于价值的主观性特征，以价值判断为内容的评价活动是没有客观依据的。①而没有客观依据的价值评价自然也就不能被视为认识活动。但是，也有不少学者认为，评价或评估活动系属于认识论范畴。例如，谭春光认为，所谓评价或评估就是"主体对客体的属性是否满足主体需要的价值关系在意识中的反映形式，是对价值关系的主观判断、情感体验、理性分析、意志保证及其综合，是一种特殊

---

① 罗素指出，"当我们断言这个或那个'有价值'时，我们是在表达我们的感情，所以也根本不可能找到任何可以证明这个或那个具有内在价值的论据。"艾耶尔则认为，基本的伦理（价值，引者注）概念是不能分析的，因为没有一个标准可以用来检验那些基本的伦理概念出现于其中的判断的校准。评价作为价值的陈述，并不描写任何东西，无论是自然的，还是非自然的，都不描述，它们只表示说话人的情感或者阐明他的态度，一个价值判断如"你偷钱是不正当的"对"你偷钱""这个命题的事实内容并不增加什么"。参见〔英〕罗素：《宗教与科学》，徐奕春、林国夫译，商务印书馆 2010 年版，第 123 页、第 127 页；〔英〕A. J. 艾耶尔：《语言、真理与逻辑》，尹大贻译，上海译文出版社 1981 年版，第 121—122 页。

的认识活动"①。又如,陈新汉指出,认识的本质是一种反映论,而辩证唯物主义哲学的反映论是一种全面的反映论,反映论不仅包括反映客观事物的自身属性,也包括主体与客体之间的价值关系,因此,评价或评估也应被视为一种认识活动。② 特别要注意的是,主体与客体之间的价值关系是具有客观性的,即价值关系首先要来源于评价客体内在的客观属性。

需要指出的是,认为评估或评价具有认识论本质并不代表这种活动与传统的知识性认识完全一致。正如前述,评价或评估是一种特殊的认识活动。其特殊性主要体现在认识对象的特殊,即价值评价的认识对象是价值关系,是一种以客体的属性、规律为前提,通过主体的存在和变化而表现出来的主体性事实。③ 价值关系这种主体性事实虽然从逻辑层面来看不会随评价主体的意志而转移,但是却深刻依存于价值主体及其需要。④ 评价作为特殊性认识活动的特点还在于评价标准的特殊性。评价或评估价值关系这种主体性事实的标准并不来源于评价或评估主体,而是来源于价值主体及其需要。当然,价值主体的需要并非一成不变,伴随着时间的推移与客观环境的变化,主体需要可能发生变化。相应地,评价标准也会随之改变。正因如此,评估或评价被视为一种特殊的主观性很强的认识活动。

基于辩证唯物主义哲学的基本立场,笔者赞同将评估视为一种特殊认识活动的观点。采纳这一观点事实上对于理解和把握司法评估

---

① 谭春光:《评价浅析》,载《广西师范大学学报》1998年第1期。郑仓元也认为,价值评价作为一种认识价值的观念性活动,无疑也是一种认识活动。现实中,人的认识活动实际上包括两种取向,即人不仅要认识外在客观世界的本来面目,而且要认识客观世界对人的意义。因此,从完整意义上看,认识应该包括两种基本形式:知识性认识和评价性认识。参见郑仓元:《评价是一种特殊的认识活动》,载《中州学刊》1994年第2期。

② 参见陈新汉:《评价论导论:认识论的一个新领域》,上海社会科学院出版社1995年版,第5—6页。

③ 参见郑仓元:《评价是一种特殊的认识活动》,载《中州学刊》1994年第2期。

④ 参见秦越存:《价值评价是一种特殊的认识活动》,载《唯实》2002年第6期。

是富有启发性的。从认识论角度来看,可以将司法评估视为评估主体在实践中基于一定评判标准,运用科学合理的评估方法评价与判定具体司法服务(特别是法院案件)是否有价值、有多大价值(质量)的认知活动。

司法评估的认识对象是司法服务与服务的主体(当事人、社会公众及国家)之间的价值关系,而评估或评价这一价值关系的标准则是价值主体的需要。其中,核心问题是,是否存在一个相对比较稳定的、不以评估者意志为转移的司法质量状态。笔者认为,这种质量状态显然是存在的,至少在特定时期内是存在的。它通过一种民主化的立法机制,明确地在法律制度层面予以确定,不以评估者(法院)自身的意志为转移。换言之,司法服务这一评估客体本身是具有内在的客观属性的,即反映在法律制度层面的关于司法服务质量的基本要求。当然,由于主体的需要会随着时间推移而改变,其评估标准也相应会变化。但是,这种变化有一个限制性条件,必须以法律制度的变化为前提,即价值主体关于司法服务的新需求应当通过立法修改、体制机制改革的方式反映到确定性的制度层面,由此方可成为评价或评估标准。也正是在此意义上,可以更为深刻地理解为什么作为一种法院内部管理活动的司法评估一定要恪守合法律性原则。

二、司法评估的管理论基础

当将司法评估的结果作为考核审判工作管理与决策、法院及法官的重要参考或依据时,司法评估机制则实质性地体现了公共部门管理的特征,因此,其某种程度上属于公共部门组织激励与控制的范畴,尤其是与"目标责任制"、绩效考核等管理与控制方式相勾连。相应地,探讨司法评估自然也涉及管理学的相关理论。笔者认为,基于人性假设的"X 理论"与"Y 理论"等管理学理论可以为思考在司法评估中采取什么样的管理控制方式提供启发,而"二八定理"则可以为司法评估指标的设计提供技术性理路。

其一,"X 理论"与"Y 理论"。"X 理论"与"Y 理论"是分别基于不同人性假设所产生的管理理论。著名的管理学大师麦格雷戈在 20 世纪 50 年代概括总结出这两种理论。"X 理论"是麦格雷戈对传统组织管理与控制方式的一种总结,该理论持有的是"经济人"或者毋宁说是"人性恶"的假设:人一般与生俱来地对工作厌恶,所以只要存在可能性,逃避工作便是他们的选择。而正因为人的这种对工作厌恶之本性,故而必须对其实施指挥、控制、监督,以及必要的惩罚,方可促使其努力向组织目标奋进。① 基于"X 理论"的管理方式一般是家长式、权威式、强迫式与任务导向型的管理,特别注重发挥正式组织的功能,奖励方式上突出对个人的奖励并且力图扩大奖励差别,同时以严厉的惩罚对待消极怠工者,可称为"胡萝卜加大棒"式的管理。②

"Y 理论"对人性的基本假设则更多类似于"人性善"的假设:人并非天生地厌恶工作,工作对于体力与智力的消耗是非常正常的,就像休息与游戏一样自然;外在的控制与惩罚并非促使人朝着组织目标奋斗的唯一方式,在适当条件下,人会主动地承担责任,并能以"自我控制"与"自我指导"来达到自己承诺的目标任务。③ 基于"Y 理论"的管理方式主要强调组织目标与个人目标的"融合原则",即管理者或决策层应该创造条件使组织成员在达成自身目标的同时,又能努力追求组织目标的成功实现,给予组织成员最大程度的信任,用信任取代监

---

① 参见〔美〕道格拉斯·麦格雷戈:《企业的人性面》,韩卉译,中国人民大学出版社 2008 年版,第 33 页。
② 参见钟立娟:《人性与管理》,载《黑龙江社会科学》2006 年第 1 期。
③ 参见〔美〕道格拉斯·麦格雷戈:《企业的人性面》,韩卉译,中国人民大学出版社 2008 年版,第 46—47 页;也可参见朱国云:《组织理论:历史与流派》,南京大学出版社 1997 年版,第 140 页。

督,实行一种引导式、参与式与协商式的管理。

"X 理论"与"Y 理论"对人性的固定假设也受到一定质疑,正如"人性善"还是"人性恶"的争论从未停止过。更多的学者认为,人性是复杂的,在不同的条件与环境中可能呈现出不同的表现。而基于复杂人性的假设,一种建立在"X 理论"与"Y 理论"基础之上的"超 Y 理论",以及与之相应的权变管理理论应运而生,并且深刻影响了现代管理理论与制度的发展。权变管理理论认为,对于不同的人应当适用不同的管理方式。比如,用正规化的组织机构和严格的制度规范约束自由散漫、不愿参与决策并且不愿意承担责任的人,同时,基于信任,创造条件为有责任心、积极向上的人提供机会,从而使其实现尊重与自我实现的需要。①

严格的绩效考核很大程度上可以被视为基于"X 理论"假设所产生的管理策略,即立足于"人性恶"的假设,因此必须通过来自上级的指示、考核绩效并给予奖励或惩罚的方式推进组织成员朝着组织目标努力。② 与此同时,基于"Y 理论"的管理理论和策略,对严格的绩效考核持保留态度,更多地强调自我控制(自我评价)及参与、交互式管理。③ "X 理论"与"Y 理论"及融合二者的"超 Y 理论"可以为讨论司法评估中的绩效考核提供启发。

如果基于"X 理论"的人性假设,笔者可能赞同严格的绩效考核与控制取向,而如果基于"Y 理论"的人性假设,则结论可能相反。当然,司法本身具有相当的特殊性,司法工作是一种个体性和创造性很

---

① 参见钟立娟:《人性与管理》,载《黑龙江社会科学》2006 年第 1 期。
② 参见〔美〕道格拉斯·麦格雷戈:《企业的人性面》,韩卉译,中国人民大学出版社 2008 年版,第 83 页。
③ 麦格雷戈举了一个"Y 理论"下修正传统绩效考核的例子:有一位任职于大型制造公司的总工程师,每隔 6 个月便会将公司的考核表分发给员工,并告诉他们:"我建议你们根据自己过去几个月的工作表现来填写这张表格。我也会另外填写一份。如果我们的观点一致,就不必再进行考核面谈;如果不一致,我们将通过讨论消除不同观点。"参见〔美〕道格拉斯·麦格雷戈:《企业的人性面》,韩卉译,中国人民大学出版社 2008 年版,第 83 页。

强的活动,必须通过发挥法官的创造性与积极性来实现,因此,法院的管理应最大限度地调动和发挥法官的积极性和创造性。① 由此而言,在司法评估与绩效考核的问题上,应该运用"Y理论"的管理策略。但问题是,法官应当得到充分的信任这一命题并非没有前提,法官应当得到信任必须立足于法官值得信任这一根基。

有鉴于此,从管理学角度来看,是否需要对法官进行严格的绩效管理以实现组织目标这一问题的核心就在于,法官是否值得信任? 从对待法官人性的不同看法出发,将会得出是否应该通过严格的司法绩效考核以提高司法质量的不同观点。这个问题实际上又与法官遴选制度紧密关联。当法官遴选标准和程序比较严格时,所遴选的法官可能更适合"Y理论"的人性假设和相应的管理策略;而当法官遴选标准和程序并不那么严格时,"X理论"下的管理策略就更为可取。这一分析事实上为中国司法评估的改革中的绩效考核提供了一些有益参考。

其二,二八定理。二八定理最初是由意大利著名经济学家维弗雷多·帕累托在研究英国人的财富和收益模式时偶然发现并提出的。帕累托的研究发现,社会上80%的财富被20%的人占有,形成了一种极不平衡的关系。② 二八定理揭示了"关键的少数"这种现象。自帕累托发现并概括出该定理后,这一理论被广泛应用于对经济、管理以及社会生活中各种现象的分析。在绩效管理领域,运用二八定理的一个重要表现是关键性绩效指标(key performance indication, KPI)。从优化管理的视角来看,一般而言,只需要关注20%的关键性指标就可大致控制绩效或质量。二八定理同样也可以运用到对每一个组织成员的行为管理上,大致而言,组织成员20%的关键行为完成了80%

---

① 参见陈陟云等:《法院人员分类管理改革研究》,法律出版社2014年版,第40页。
② 参见[意]维弗雷多·帕累托:《省时省力的二八法则》,许庆胜编译,山西教育出版社2010年版,第2页。

的工作任务。所以,一般而言,对20%的关键行为进行衡量与分析,就可以抓住绩效考核的重心。

事实上,司法评估指标体系的构建及其评估结果的绩效化运用也可以通过二八定理来分析和展开。比如,司法质量本身,或者说司法运作的过程与结果涉及方方面面,但真正决定司法质量、有效反映案件质量的内容可能仅占20%,其余80%则属于虽有关联但影响不大的内容。又如,在法院处理的所有案件中,只有20%的案件是可能需要重点关注其质量问题的,而80%的案件则是不需要给予太多关注的。因此,评估指标的设计应当以这20%的重点案件为出发点。从绩效管理的角度来看,只有20%的评估指标对法院的案件质量提高有关键性贡献,而80%的指标则是贡献不大的。因此,要重点关注这20%的关键性指标。

三、司法评估的法理学基础

司法评估特别是法院内部对案件质量的评估实质上是法院内部司法权力运行机制的一种具体方式。在当代中国,评估作为一种认识把握某一事物本质、探寻运行效果及问题的方式,而考核则作为一种行政化控制的工具,流行于国家和社会中的各种组织机构中,成为实实在在发挥重要作用的"体检表"与"指挥棒"。因此,某种程度上,中国是名副其实的评估、考核大国。当然,对于评估、考核而言,有一个前提不容忽视:评估、考核必须与组织机构特殊的专业理性相符合,不能违背行业内在的规律或者侵蚀其业务属性。对于司法评估与考核而言,则意味着要评估的内容和考核的方式要符合"审判工作的目的、功能、特点与规律"等。这一点实际上在理论界与实务界早就达成了共识,也是最高人民法院一直在努力追寻的目标。以下是最高人民法院自1999年出台《人民法院五年改革纲要》首次涉及审判管理机制以来,关于审判管理机制包括司法评估、考核应当要符合法院工作特点、本质及其规律的相关文件及表述:

表1-1 关于审判管理机制包括司法评估、考核应符合法院工作特点、本质及规律的相关表述

文件	表述
《人民法院五年改革纲要》	建立符合审判工作特点和规律的审判管理机制。
《人民法院第二个五年改革纲要(2004—2008)》	建立科学、统一的审判质量和效率评估体系。在确保法官依法独立判案的前提下,建立科学、统一的审判质量和效率评估体系。
《人民法院第三个五年改革纲要(2009—2013)》	司法体制和工作机制改革必须结合审判和执行工作自身特有的规律,注重探索司法规律在特定国情、特定环境下的具体应用和体现。
《关于全面深化人民法院改革的意见——人民法院第四个五年改革纲要(2014—2018)》	全面深化人民法院改革应当遵循的基本原则之一:尊重司法规律,体现司法权力属性……使改革成果能够充分体现审判权的独立性、中立性、程序性和终局性特征。 完善案件质量评估体系。建立科学合理的案件质量评估体系。废止违反司法规律的考评指标和措施,取消任何形式的排名排序做法。
《最高人民法院关于开展案件质量评估工作的指导意见》	尊重科学,遵循规律,努力构建公正合理的案件质量评估体系。
《人民法院第六个五年改革纲要(2024—2028年)》	优化审判质效管理。以审判质量、效率、效果有机统一为导向,构建完善符合司法规律、务实管用的审判质量管理指标体系。科学合理运用指标,规范数据管理与发布方式。健全数据会商机制,强化态势分析研判,提升业务指导精准度。严格监督、科学管理上级人民法院面向下级人民法院的考核指标设置和数量频次,减轻基层负担。

从最近几十年来最高人民法院对审判管理机制,包括司法评估、考核的改革立场与进程来看,其必须符合法院司法审判规律、特点和目的之强调似乎有点"年年讲"乃至于"月月讲"的味道。然而,这么多年以来,最高人民法院似乎难以找到一条通往"真理"的正确道路。

笔者以为,这很大程度上或许与最高人民法院长期以来对司法规律未形成明确的、统一的认识有关,特别是在一般司法规律与适合中国的特殊司法规律之间未能有效归纳和把握。正如郝铁川所言,三十多年司法改革给人最深刻的感受,就是对于一般司法规律,尤其是中国特色的司法规律认识、归纳、梳理不够,并由此导致改革缺乏明晰的理论指导。①

列宁说:"规律就是关系……本质的关系或本质之间的关系。"②从类型上看,规律一般可分为自然规律与社会规律。司法是一种社会活动,因此司法规律无疑属于社会规律。基于哲学层面的一般理解,所谓司法规律,是指存在于司法裁判活动中固有的、本质的、必然的、稳定的联系和发展趋势。当下,学界及实务界关于司法改革的关键在于尊重司法规律这一点无疑已经达成高度共识,但究竟什么是司法规律,却仍旧众说纷纭。③ 代表性的论述,如王新清将司法规律的内容概括为:审判中立、审判独立、司法人员专业化、司法以审判为中心、司法的"消极"与"被动",以及司法决定必须以证据为基础。④ 又如向泽选、谭庆之认为,司法规律应当包括以下内容:①司法活动对司法机制的依附性;②司法主体的平等性;③程序的正当性;④司法活动(意志)的独立性;⑤司法的裁断性。⑤ 陈光中与龙宗智则指出,深化司法改革应当遵循的司法规律包括以下几个方面的内容:严格适用法律,维护法制权威;公正司法,维护社会公平正义;严格遵守法定正当程序;司法的亲历性与判断性;维护司法的公信力和权威性。⑥

---

① 参见郝铁川:《尊重司法规律先要梳理司法规律》,载《法治日报》2014 年 12 月 24 日,第 7 版。
② 《列宁全集》(第 55 卷),人民出版社 2017 年版,第 128 页。
③ 参见关仕新:《司改的关键是研究司法规律》,载《检察日报》2015 年 4 月 3 日,第 3 版。
④ 参见王新清:《司法规律的外延》,载《法制日报》2015 年 4 月 29 日,第 10 版。
⑤ 参见向泽选、谭庆之:《司法规律与检察改革》,载《政法论坛》2009 年第 5 期。
⑥ 参见陈光中、龙宗智:《关于深化司法改革若干问题的思考》,载《中国法学》2013 年第 4 期。

纵观这些论述不难发现,学界很大程度上是在司法权本质与特征的基础上来认识和把握司法规律的一般性内容的。笔者认为,基于司法规律意味着一种必然的、固有的、本质的关系这一根本定义,从司法权本质及其特征的角度来理解与阐释司法规律的具体内容显然是有一定道理的。至于司法规律是否具有特殊性,或者说作为客观规则的司法规律是否会因不同国家、不同历史阶段而有差异和变化,则值得探讨,学界也存在着一些争议。一般而言,司法规律体现了在司法活动中的社会规律,而司法活动本身在不同国家和不同历史阶段均有不同体现。因此,从这个意义来讲,司法规律除具有一般性、普遍性内容之外,还应有特殊性内容。

综上所述,笔者认为,司法评估应当反映"审判工作目的、功能、特点",遵循司法规律的基本要求。

四、司法评估应以还原司法权"依法司法"本质为主

(一)现代司法的本质特征

现代司法机制主要是从"审判"意义上来建构的,司法权就是指"法院和法官依法享有的审理和裁决案件,并作出有拘束力的判决的权力"①。如何理解和把握现代司法的本质特征?回答这一问题的最佳方式当然是进行比较考察。从逻辑层面看,任何一个事物的本质或内在特性都是在与其他相关事物的比较中得出来的。对于理解现代司法的本质而言,有益的比较应在现代司法与非司法纠纷解决机制之间展开。从终极目的上看,它们之间有着共同的目标取向,比如解决纠纷争议,化解矛盾,促进社会和谐。但司法之所以为司法,法院之所

---

① 薛波主编:《元照英美法词典》,法律出版社2016年版,第750页。

以为法院,并不仅仅是因为名义上不同,更是因为司法有着区别于其他非司法纠纷解决方式的本质特征。

现代司法的重点到底是划定争议双方各自的权利范围,还是着重解决纠纷,或者说现代司法的功能主要是规则形成还是纠纷解决,这实际上是区别现代司法与其他纠纷解决方式的一个重要方面。① 以调解为代表的其他非司法纠纷解决方式强调的是对个案中可能出现的具体后果的考量,而现代司法裁判却强调裁判结果所具有的普遍性效力。所谓普遍性效力,主要是指对于司法裁判而言,一个判决不但会给当事人带来很大影响,而且可能使一方当事人失去巨大利益,另一方当事人获得巨大利益,同时,也可能使潜在的许多人因此失去或获得巨大利益。也就是说,司法裁判所具有的普遍化效应,使得个案裁判中的法官的每一个行为所带来的效果都会被夸大和扩大,从而带来一连串的连锁反应。由此来看,穿上法袍的法官已经不再仅仅是某一具体个案纠纷的是非对错的裁决者,同时其裁决也确实变成了"法律的嘴巴"②。这正如科特威尔所言,"最好的办法或许是不要把基于法律的法院判决,看作主要是为了解决冲突,而应该看作是为了维护规范秩序,是为了理解某一特定社会情况或关系,作出以法律原则为

---

① 苏力曾对法院所具有的规则形成功能与纠纷解决功能展开了较为深刻的分析。苏力认为,尽管这两种功能不可能在法院活动中完全分离,但是,现代法院的功能确实已经从原先的解决纠纷日益转向通过具体的纠纷解决而建立一套旨在影响当下案件当事人和其他人的未来行为的规则。事实上,如果仅仅就解决纠纷而言,当事人完全没有必要一定要找法院,民间大量的纠纷大部分是通过其他方式——行政的、调解的、仲裁的、自救的方式——解决的,只要其他决断机构或人与纠纷双方都没有亲疏关系,解决的未必就不如法院公正。法院也并不必然比其他解决纠纷的机构或人更具中立性或有发现事实真相的特殊通道。因此,必须认识到,在现代社会中,法院的一个重要功能在于其通过其专业化活动来保证在日常生活中形成规则,而规则之形成与个别纠纷之解决相比,前者具有巨大的正外在性;大概也正是在这个意义上,法院才更可以说是提供"公共产品"的而不是私人产品的一个机构。参见苏力:《农村基层法院的纠纷解决与规则之治》,载《北大法律评论》1999 年第 1 期。

② 泮伟江:《现代司法的分析与建构——一种法的系统理论的尝试》,清华大学 2009 年博士学位论文,第 32 页。

根据的说明"①。

很大程度上应当承认,现代司法裁判既是一种解决纠纷的具体方式,同时更是一套对行为的合法性进行评价的系统。具体而言,现代意义上的司法的启动首先立足于争议性的案件纠纷,因此,司法裁判当然要致力于对具体纠纷争议的解决,但现代司法解决纠纷也必须有其独特的逻辑,即要对行为作出合法性评价,划定纠纷双方的权利范围,并基于这种合法性评价与权利范围划定解决纠纷。进一步而言,现代司法系统恰恰由于其具有对权利的合法性进行评价的功能,才获得纠纷解决的功能。甚至可以说,现代司法系统之所以为现代司法系统,是因为其能够对行为的合法与非法提供判断,如果它失去了这个属性,也就不成为现代司法系统。而纠纷解决的功能则是通过这种属性来实现的。②正如庞德所指出的,现代司法裁判与其他纠纷解决机制在运作方式上的重要区别,或许就在于司法裁判乃一种"依法司法"。

根据庞德的总结与概括,所谓依法司法,"是根据权威性规范或标准(模式)或指引而进行的司法活动,这些规范、标准或模式是以某种权威性技术加以发展和适用的,是个人在争议发生之前就可以确定的,而且根据它们,所有人都可以合理地确信他们是得到了同样的对待。它意味着在一般适用的规范所能保护的范围内不受个人情感影响的、平等的、确定的司法"③。"依法司法"所内含的一个基本逻辑在于,在具体的个案裁判过程中,法官的首要任务乃追求一个合乎法律规则的个案裁判,而非单纯地化解纠纷、解决矛盾。也正是在这个意

---

① 〔英〕罗杰·科特威尔:《法律社会学导论》,潘大松等译,华夏出版社1989年版,第242页。
② 参见泮伟江:《现代司法的分析与建构——一种法的系统理论的尝试》,清华大学2009年博士学位论文。
③ 〔美〕罗斯科·庞德:《法理学》(第2卷),封丽霞译,法律出版社2007年版,第297—298页。

义上,笔者才赞同"就个案而言,司法裁判即使不算是最差的纠纷解决模式,也未必是最好的纠纷解决模式"①这样一种观点。

总而言之,"依法司法"意味着"非黑即白",强调凡事"皆有法式",主张"一断于法",更强调"同案同判",以形成一种"法的秩序"。事实上,从理论层面来看,司法的正当性来源正是司法通过对日常纠纷到重大政治、社会纷争的强制性判定而形成"法的秩序"的功能这样一个逻辑起点。② "依法司法"无疑是非常重要的,因为它首先意味着一种确定性的制度预期,而这几乎可以说是现代法治的核心。从世界范围内法治发达国家的情况来看,尽管在具体的方法上存在差异,但他们基本上都取得了一定程度的规则之治。③ 某种程度上可以说"依法司法""规则之治"就是现代司法的本质特征。

(二)中国语境下的司法审判的特殊性

与域外法治发达国家的现代司法相比,中国法院处理案件的独特性在于调审结合及人民司法传统。根据何永军的归纳,人民司法传统大致包括五个方面的内容:①服从党的领导——人民司法的组织保障;②为党和国家的中心工作服务——人民司法的组织保障;③走群众路线——人民司法的工作方法;④实事求是、有错必纠——人民司

---

① See Gunther Teubner & Peer Zumbansen, Rechtsentfremdungen: Zum gesellschaftlichen Mehrwert des zwölften Kamels, Zeitschrift für Rechtssoziologie, 2000(21):189-215. 转引自泮伟江:《现代司法的分析与建构——一种法的系统理论的尝试》,清华大学 2009 年博士学位论文,第 29 页。

② 参见陈杭平:《论中国法院的"合一制"——历史、实践和理论》,载《法制与社会发展》2011 年第 6 期。

③ 在大陆法系国家,这种规则之治更多是以系统化的或韦伯所说的"形式理性化"的制定法规则为中心,通过法官在具体的司法中不断回归和确认制定法规则来实现的。而英美法系从表面看来并不那么重视规则:法官有较大的司法裁量权,特别是在普通法案件中,其可以立法,可以在具体案件的审判中以解释的名义不断修改规则,甚至可以撤销原先的判决。但由于支撑这一切的遵循先例制度及司法等级制度,实际上也形成了规则的统治;换言之,英美法中的规则统治是在法官审判具体案件的过程中形成的。参见苏力:《农村基层法院的纠纷解决与规则之治》,载《北大法律评论》1999 年第 1 期。

法的基本要求;⑤德才兼备——人民司法从业人员应具备的基本素质。① 调解则属于人民司法贯彻群众路线的基本形式,被视为人民司法的优良传统之一。② 在此意义上,调审结合与人民司法传统具有内在逻辑的一致性。在人民司法传统的理念下,法院处理案件首先强调的是纠纷解决。而强调纠纷解决的立场或要求有一个很大的特点,即在规则形成或规则之治的问题上着墨不多,甚至有可能为了纠纷解决而忽视规则之治。

  虽然经过数十年的学习、借鉴与移植现代司法理念、制度与技术,以不断深化司法制度改革之方式,中国法院审判显然已经与西方法治发达国家以"规则之治"为特征的现代司法相接近。但另一方面,人民司法传统作为党执政意识形态中"为人民服务"的重要表现,或者某种意义上是党执政的"合法性来源",并未从中国法院制度体系中隐退,当然,也不可能完全消弭。甚至,在过去的十几年中,人民司法传统有着不断复兴和强化的表现③,即便是在当前中国着力强调"全面推进依法治国"的现实背景下,人民司法传统仍然具有较强影响。党的十八届四中全会通过的《中共中央关于全面推进依法治国若干重大问题的决定》中即明确指出,坚持人民主体地位。而在根本意义上,全面推进依法治国的目的,是要完成习近平总书记提出的"让人民群众在每一个司法案件中感受到公平正义"的要求。

  整体而言,当下法院实际上具有两种组织定位。一是承担划定权利范围、规则之治的"司法机关",这是 20 世纪 90 年代中国开展司法现代化改革进程以来一个重点追寻的方向。事实上,在中国现

---

  ① 参见何永军:《断裂与延续:人民法院建设(1978—2005)》,中国社会科学出版社 2008 年版,第 79—167 页。
  ② 参见何永军:《司法改革与政治合法性资源的流失》,载《华中科技大学学报(社会科学版)》2009 年第 4 期。
  ③ 这主要是以调解的"复兴"为重要体现,特别是在王胜俊任最高人民法院院长的时期,"调判结合、调解优先"成为一项重要的司法政策。

代化具有紧迫性、复杂性和艰巨性的情境下,此种意义上的法院组织定位承担了国家和社会对法院通过合法律性功能推进现代化的较高期望。① 二是主要着眼于处理矛盾争议,并且是具有人民司法特性的"纠纷解决机关",这种意义上的法院组织定位则更多是基于现实的、意识形态的考虑。从整体意义上来看,规则形成与纠纷解决两种功能在中国法院处理纠纷的过程中并未实现现代司法意义上的有机统一。

(三) 司法评估应当最大限度地还原司法权本质属性

毋庸置疑,科学合理的司法评估,应以最大限度地还原法院"依法司法"的本质属性为出发点和着力点。具体而言,这主要是指司法评估特别是涉及法院审判执行案件的质量评估或者绩效评估,评估的主要内容是法院或法官在处理具体案件的司法运作过程中,是否严格遵守执行法律。在此意义上,司法评估的核心内容应当是司法的公正性、公平性及是否实现了"规则之治",而评估或评价其处理案件质量的标准则应当是合法性,即评估法院的司法服务在多大程度上接近司法公正的基本要求。

当然,我们也不能完全无视中国司法的特殊性。在社会主义制度的背景下,司法还应具备政治性、人民性和可接受性的特征,实际上这就是指法院的功能定位,处理案件的过程也需要重点关注调解方式的使用,一定程度上要注重案件处理的社会效果和政治效果。因此,中国司法评估包括其评估标准、评估指标的选择等,此外,还应适当兼顾中国司法这些现实特点。但整体而言,司法评估应当以最大限度还原司法权"依法司法"本质为主,不能将中国司法的特殊性作为主要内容。

---

① 参见苏力:《送法下乡——中国基层司法制度研究》,北京大学出版社 2022 年版,第 51—53 页。

五、司法评估不能侵蚀法官的依法独立审判要求

依法独立审判是司法规律的内在要求。① 依法独立审判一般分为外部独立与内部独立。实质意义上的依法独立审判一般仅指法官依法独立审判,法官既是独立自主的审判权主体,也是独立的审判责任主体,对故意枉法裁判、因疏忽大意错判、因能力不及错判都应承担相应的责任。② 在本书探讨的范畴内,依法独立审判主要是指司法机关的内部独立,即法官主体性地位问题,或法官独享裁判权的问题。需要指出,依法独立审判并不是"包治百病"的万应灵药,独立的司法并不必然导致正义的实现。③ 或者说,法院独立或法官独立并非司法的目的,而只是保障司法公正之实现的机制,因此应当从工具主义的角度来理解依法独立审判,通过这样一种理论和实践要求来实现法官不受其他任何利益的诱惑、权力的压制。法官独立意味着"意志"的独立,并因此与自由裁量权相勾连。当然,这种"意志"的独立并不是没有任何前提和条件的。法官"意志"独立的前提乃法官必须受法律约束,必须严格按照法律的规定来裁判案件,而不能脱离法律的约束,按照自己恣意的判断和意志来裁决。在这个意义上,依法独立审判必须严格控制在"依法司法"的框架范围内。

由于司法评估本身属于审判管理的范畴,因此,从其诞生伊始就被打上了行政化的烙印。显而易见,中国司法评估自始就面临一个重要的理论问题:评估与考核的法理正当性,即司法评估机制尤其是将

---

① 参见张骐:《尊重司法规律、实现司法独立、建设法治中国》,载《法制与社会发展》2014年第6期。
② 参见韩波:《法院体制改革研究》,人民法院出版社2003年版,第64—65页。
③ 参见支振锋:《司法独立的制度实践:经验考察与理论再思》,载《法制与社会发展》2013年第5期。

其评估结果与法院领导的审判工作管理决策、法院(审判)绩效考核紧密关联的做法能否适用于司法管理。其中隐含的一个逻辑难题是,评估、考核作为一种管理手段凸显了司法组织的科层制元素,可能加剧司法管理与司法应有的独立性之间的冲突。① 如何回答这一追问,或者说如何有效地化解二者之间在逻辑层面存在的矛盾或冲突,应当重点注意并加以解决。

郭松的研究指出,从理论上看,法院评估、考核可以帮助管理者了解法院的司法运行状况与司法人员的行为表现;法院绩效考核确实在一定程度上改善了司法组织的管理,提高了司法的公正度与效率,增强了司法人员的责任感。因此,评估、考核适用于司法管理可以得到证成。而为避免行政化元素过强并加剧司法管理与司法独立的冲突,可以通过正确认识评估、考核的功能局限并谨慎适用来解决。② 这一分析实际上指出,对于法院、法官的工作绩效该不该评估、考核的正当性问题,最终要着眼于其有何实际效益,以及其可行性,即如何做才能发挥评估、考核的效益,而且值得做。③ 总之,从宏观上而言,司法评估机制显然是具有相当合理性的,能反映法院司法运作状况的好与坏,并且具有提高法院司法审判工作质量的功能。但是,很多事情其实并非宏观架构的问题,而是微观层面如何操作、落实的问题。因此,问题的关键和核心在于对当前中国司法评估机制的可欲性及可行性的实际分析,需要通过对其制度与实践进行细致观察来把握与阐析。

---

① 很大程度上,我们都赞同以下观点:基于审判活动的特殊要求与规律,现代社会中普遍适用于行政机关的科层制,以及普遍适用于企业的代理制或科层制与代理制结合的模式,都不能妥帖地适用于法院的审判活动。而法院案件质量评估作为一种供上级及领导展开有效管理的方式,内在地具有强化科层化的倾向。参见顾培东:《人民法院内部审判运行机制的构建》,载《法学研究》2011年第4期。

② 参见郭松:《绩效考评与司法管理》,载《江苏行政学院学报》2013年第4期。

③ 参见苏永钦:《法官该不该考核——法官绩效考核的可行性与合宪性问题》,载苏永钦:《司法改革的再改革》,元照出版公司1998年版,第367页。

第二章 司法评估的指标体系

本章主要是从哲学认识论的角度对司法评估指标体系展开理论分析。所谓从认识论的角度展开分析,主要是指暂不考虑或尽量搁置司法评估机制中涉及的评估结果,而是仅限于基于评估、评价应当被视为一种特殊的认识活动的立场,从法律制度层面对法院工作的客观要求,特别是法院审判执行案件这一核心工作的要求出发,运用评估指标设计的基本理论,探讨当前中国法院的司法运行过程中涉及的评估指标体系的科学性、合理性。

第一节 司法评估的指标体系设计理论

毋庸置疑,科学、合理地选择或设计司法评估指标,构建逻辑清晰、自洽的评估体系,其重要性不言而喻。这是因为从认识论角度来看,只有选择或设计科学、合理的评估指标,特别是只有设计与评估对象本质上具有高度关联性的评估指标及评估体系,才能全面、客观与准确地了解评估对象的实际质量或绩效情况,进而为此后发挥管理功能提供基础支撑。

一、效度与信度

司法评估指标的选取与体系设计需要考虑效度与信度问题。所谓评估指标体系的效度(validity),即有效性、合适程度,意味着评估指标直接与成果相关或者代表所关注的绩效维度的程度。[①] 一般而言,评估指标与要考察的内容越吻合,其效度越高;反之,则其效度越低。评估指标的信度(reliability)是指客观、准确、可靠性的程度,从另一方面来讲,指标的信度实际上涉及的是由一项指标所引发的测量数据的可靠性。若是应用在一份测验上,主要是指这份测验的一致性(consistency)或稳定性(stability)。具体而言,若将一项评估指标或测量工具反复不断地用来实验或是验证,其所得结果不会改变,则意味着这项评估指标或测量工具具有良好的信度。对于司法评估指标体系的建构而言,关注效度比关注信度更为重要。这是因为司法评估指标体系的效度主要是关于哪些指标适合用来评估案件质量或司法运作好坏、优劣程度,因此必然更多地涉及司法具体应当体现在哪些方面这一司法理论问题。而信度则主要是一个关于测量工具准确性的技术问题,与司法理论的关联性不大。[②] 评估指标或评估体系如果具备较好效度,则即使在信度方面存在一定瑕疵,也能在某种程度上测量出具有意义的结果。相反,如果评估指标与评估体系没有较好的效度,与需要测量的质量、绩效维度之间关联性很小,则即使具备较好的信度,其测量结果对于评估及其后评估结果的利用而言也都是意义不

[①] 参见〔美〕西奥多·H.波伊斯特:《公共与非营利组织绩效考评:方法与运用》,肖鸣政等译,中国人民大学出版社2005年版,第88页。

[②] 当然,这并不是说我们不需要关注信度问题。由于信度更多是涉及评估数据的可靠性、是否虚假的问题,因此在具体的评估实践过程中是可以通过各种保障机制来解决的。而效度则是相关性、有效性的问题,是在指标设计之初就应该解决的问题。

大的。①

就评估体系的效度而言,一个重要的问题还包括评估指标的权重分配。评估指标的权重反映了某一评估指标在指标体系中所起作用的大小。评估指标的权重分配或权重系数是指对整体性的评估体系中的单个指标展开权重排序,根据评估对象的各项属性与特征所对应指标的重要程度,对其进行科学赋值,简而言之,就是对评估指标重要性进行排列。如果对重要的评估指标赋予较低的分值,对相对不重要的评估指标却赋予较高分值,这样的评估体系在信度上当然就是存在问题的。毫无疑问,评估指标权重系数最终如何确定,直接关系到能得出什么样的评估结果,特别是其评估结果的客观性。

二、基本原则

司法评估指标体系是依据一定的逻辑形成的用以反映司法质量、司法改革情况的所有指标的总体框架。指标体系是联系提取数据与最终司法评价之间的逻辑桥梁,决定了据此提取的数据能否反映以及在多大程度上反映某地的司法运行质量情况。因此,司法评估指标体系是司法评估的核心与关键。司法评估指标体系的构建依据来源于"司法""司法改革"及其"质量"相关的理论内涵,以及中央层面对司法运行与改革的整体布局与战略要求等,在构建的过程中需要遵循科学性原则、主客观相结合原则、正反评价相结合原则、SMART 原则等。

---

① 参见姚裕群主编:《人力资源开发与管理概论》(第 3 版),高等教育出版社 2011 年版,第 196 页。

(一)科学性原则

没有科学的评估,就没有科学的决策;没有科学的决策,就没有科学的发展。因此,科学评估司法运行、司法改革状况是构建司法评估指标体系及开展测评实践工作的首要原则。科学性原则是指司法评估的方法、标准、程序和结果的科学性、可靠性,评估过程和结果的可重复性。可重复性是指按照相同的评估过程、相同的评估方法得出相同结果的概率。得出同一结果的概率越大,那么评估结果的科学性、可靠性就越高。由于受到各种因素的影响,评估结果往往是一个概率事件。但是,评估过程越公正、方法越科学,结果的趋同性必然越强,这样评估结果就越科学可靠。① 类型化是保证司法评估结果科学、准确的基础,由于司法运行是一个非常复杂的过程,包含多种因素、多重关系,因此,科学的评估应该根据评估对象的不同属性和特点确定相应的评估程序、评估标准和方法,进行分类评估。所以,在评估活动中,必须对评估对象进行科学、准确的类别划分,这样才能够最大限度地使评估对象具有可比性,从而保证评估结果的科学性。

根据科学性原则的基本理论内涵,可以进一步明确司法评估指标设计与测评的科学性原则的具体内涵。其一,坚持科学理论指导。司法评估指标体系研究和框架设计、具体指标的设计、测评的展开,都必须以科学的理论作为指导,以实践作为依据。其二,坚持科学选择标准。注意指标的法律意义,从众多与司法运行、司法改革相关的因素出发,设计出最能反映司法运行状况与司法改革建设的指标。因此,要充分理解与把握司法的"公正、高效、权威"三个维度的基本内涵,类型化地展开评估指标的设计,开展测评活动。其三,坚持科学研

---

① 参见邱均平、文庭孝等:《评价学:理论、方法、实践》,科学出版社 2010 年版,第 39 页。

究方法。在设计司法评估指标体系、开展测评的过程中,坚持理论与实践相结合,采用科学的社会科学研究方法调研、获取数据资料、分析研判数据资料,并广泛征求法学、公共管理学、统计学等学科专家的意见和建议,同时,还要听取实践工作部门的看法和建议。

在科学性原则的总体要求之下,系统性原则及其理论要求可以集中体现出来。所谓系统性原则,是指司法评估指标应当按照一定的逻辑结构进行排列组合,从而形成逻辑清晰、自洽的评估体系。现代系统论的理论认为,整体与部分之间的关系是系统论的核心问题,必须把整体与部分有机地联系起来进行考察才能真正认识系统。[①] 由此而言,系统性原则必然要求建构的评估指标体系要综合考察整体与部分,即协调评估体系与各个评估指标之间的关系。从指标体系优化的角度而言,既不能遗漏关于司法质量重点内容的评估指标,也不能产生重复评估的问题。

(二)主客观相结合原则

在数字社会的时代背景下,运用大数据推进高效的智慧司法体系无疑是当前中国社会治理的一个重大创举,也是未来进一步发展的努力目标。"用数据说话、用数据决策、用数据管理、用数据创新"是社会安全治理的基本方向。[②] 事实上,司法实践中产生了诸多大数据资源,例如,裁判文书类大数据、审判管理大数据等,这些大数据资源成为司法评估的基础。有鉴于此,基于客观数据特别是大数据分析的定量评估是司法评估的首要方式,评估司法运行与司法改革状况

[①] 参见常绍舜:《从经典系统论到现代系统论》,载《系统科学学报》2011年第3期。

[②] 对大数据的搜集、整理和应用,必将会使社会安全治理效能更加提升,精准性更加增强。大数据不仅以其庞大、完整的数据库为高质量决策奠定了坚实的基础,也有助于对问题情境进行即时判断,还适用于在具有高度复杂性和高度不确定性的社会治理情境中,帮助决策者发现预期之外的新情况和新问题。参见陈潭:《大数据驱动社会治理的创新转向》,载《行政论坛》2016年第6期。

主要是以一系列量化的、客观的、公开的数据为依据。当然，鉴于司法运行与司法改革的内容极为丰富，其数字化、标准化的过程也比较复杂，对具体应设计哪些指标需要进行充分论证，以取得最大共识。

在客观数据评估的基础上，"用户体验"的评估也必不可少。在理论上，对"用户体验"的研究源自美国学者 B. 约瑟夫·派恩和詹姆斯·H. 吉尔摩的体验经济理论，他们认为，所谓体验经济是指产品供应者从用户生活和工作情境出发，以服务为中心，以产品为素材，为用户塑造感官体验与思维认同，创造出值得回忆的感受。在体验经济中，产品供应者不仅提供产品，而且提供舞台，体验要素依附在产品和服务中，消费的只是过程，用户参与这一过程。当过程结束后，体验记忆会长久地保存在用户脑海中，使用户的情感和心理获得满足。[①] 简而言之，"用户体验"是指用户为满足精神需要，在与特定产品、系统或服务等情境因素发生互动关系的过程中，所产生的感知和情感的反应。[②] "用户体验"形成于用户使用与产品属性的交换过程中。在体验经济中，传统的产品中心思维模式已经转化为以用户体验为中心的思维模式，即从产品导向变成以用户体验为导向，从有什么技术就做什么转变成用户需要什么就做什么，并且特别强调特定情境中用户与产品之间的交互体验。产品供应者参与竞争的手段，不是通过产品与服务的各项指标衡量，而是通过用户的感受、满意程度形成对产品供应者的"体验"评估。同理，司法评估也必然涉及人民群众对于司法解决纠纷公正、高效与否的主观体验与感受，这也是习近平法治思想的核心要义中"坚持以人民为中心"的必然要求。总体而言，司法评估指

[①] 参见〔美〕B. 约瑟夫·派恩、〔美〕詹姆斯·H. 吉尔摩：《体验经济》，毕崇毅等译，机械工业出版社2024年版，第32—35页。

[②] 参见温韬、侯铁珊：《顾客体验概念的溯源、界定和特性探析》，载《东北大学学报（社会科学版）》2006年第3期。

标体系应坚持客观评估与主观评估相结合的原则,以客观指标为基础,并且要最终落脚于人民群众的"用户体验"并设计相应的主观指标。

(三) 正反评价相结合原则

从司法评估的向度上来讲,既可以从逆向体现司法运行的消极因素方面展开评估,也可以从正向反映司法运行状况的积极因素方面进行评估。前者可以称为消极评估,后者可以称为积极评估。但消极评估更多注重的是负向的一面,事实上难以充分全面反映评估区域在司法运行与司法改革方面的积极作为,故而坚持消极评估与积极评估相结合才是更合理的路径。有鉴于此,对司法评估指标体系设计也可以从消极与积极两个层面来进行评估,以司法公正与否的评估为例,既可以从消极层面进行评估,例如,以一审发回重审改判率为具体测分点,发回重审与改判的案件越多,可以说明该区域司法审判的公正性越差;也可以从积极层面进行评估,例如,即使某地一审发回重审改判的比例较高,但是法院对于案件的处理速度比较快,且进行了充分的裁判说理,人民群众的反映普遍较好,这也可以说明该地的司法运行状况良好。总而言之,只有通过正反两个方面因素的双向评估,才能够更为全面地反映当地的司法运行情况。

(四) SMART 原则

SMART 原则被世界银行及许多国家政府部门和组织作为评估工作中所普遍遵循的评估指标体系设计准则。对于 SMART 原则的具体内容有不同的解释。① SMART 由 5 个单词的词首字母组成,分别是:特定的(specific),可测量的(measurable),可得到的(attainable),相关

---

① 参见李宇庆:《SMART 原则及其与绩效管理关系研究》,载《商场现代化》2007 年第 19 期。

的(relevant),可跟踪的(trackable)。①

(1)特定的(specific)。评估指标是对评估对象的本质特征、组成结果及其构成要素的客观描述,并为某个特定的评估活动服务。因此,针对评估工作的目的,评估指标体系应具有特定性和专门性。具体又包括目标特定与导向特定。司法评估的主要目的在于通过评估把握当前司法运行与司法改革的现状,并且进一步推进司法现代化建设,特别是能够得到人民群众的高度认可。因此,相应的评估指标体系的设计必须紧密围绕司法运行、司法改革与现代化建设的各种重点、具体任务展开,并且要充分考虑人民群众对司法公正的感受。故而,《刑事诉讼法》《民事诉讼法》《人民法院组织法》《法官法》等法律法规有关司法运转的基本规范要求,以及人民法院有关司法改革的规范性文件应当是司法评估指标体系设计的重心乃至核心依据,人民群众对于司法的满意度调查也应当是指标体系的重要内容。

(2)可测量的(measurable)。评估指标体系的可测量性是指,对于指标进行评定应当有相应的标准,在此标准之下,相关指标具有测量的可能性。具体而言,评估指标体系是运用数学的算法规范,通过对具体指标赋值、加权、运算等数学方法,得出数值和指数,以直观反映司法运行与司法改革状况。但要注意,这里的可量化性要求并非要求是定量指标,对于定性指标的测量,只要建立了详细的评估标准,也认为是可测量的。

(3)可得到的(attainable)。评估指标体系的设计应验证所需数据获得的可能性,如果用于一项指标考察的数据在现实中不可能获取,或者获取的难度较大、成本较高,那么这项指标的现实可操作性就值得质疑。其中有两层含义:一是技术可获得性,即必须考虑现有的技术条件,尽量选取那些利用现有技术方法和手段就能获取数据的指

---

① 参见李林、曹文华、毕海普:《基于 SMART 原则的企业安全文化评价体系研究》,载《中国安全科学学报》2007 年第 2 期。

标,而非那些在现有技术条件下不可能获得的数据。二是经济性,这就要求数据获取成本不能过高,对于那些在技术上能够获取,但是成本过高的指标,就不宜考虑将其纳入评估指标体系。此外,经济性还要求设计的测评方案也要以最小的投入获取最大的产出,因为经济性主要关注的就是投入与产出的比例,即在资源投入和使用过程中成本节约的程度和资源使用的合理性。具体而言,设计评估指标体系必须尽最大可能节约人力、物力、财力和时间成本的同时,获取最符合要求并与现实一致的测评结果。总之,评估指标体系的设计必须考虑数据的可获取性,例如,如果只能根据公开的数据进行测评,那么对于司法公正性的评估指标则很大程度上只能依赖于裁判文书网、统计年鉴数据等数据,而那些司法机关内部掌握、不予公开,或者还未纳入统计口径的一些数据,则不能作为评估的指标内容。

此外,由于司法评估的目标在于比较,因此要选取具有可比性的指标,才能观测和评估指标内容在一定时间内的变化情况及在一定空间范围内的差异情况,为全面掌握司法运行与司法改革状况,进而科学评估司法现代化建设成效提供科学可靠的依据。这就要求选取的指标具有一定的共性(普遍性),不同的区域都能选取出同样或类似的指标,若某一指标只是某一区域的特色,则不宜将其列入评估指标体系。需要指出的是,评估指标的可比性,是与时俱进的动态标准,而不是封闭僵化的要求。换言之,评估指标体系本身是一个不断更新的系统,在设计评估指标体系时,既要保持这一系统的相对稳定性,充分体现当前司法建设的条件、特点和需要,保证其可比性;同时,又要对司法现代化建设未来发展保持一定的预见性,力求构建的评估系统具有一定的连续适用性,确保选取的主要核心评估指标能够进行纵向和横向比较。

(4)相关的(relevant)。这主要是指评估指标体系中的各个指标应当是相关的,该体系不是许多指标的堆砌,而是由一组相互联系的各个指标所构成,指标之间应当具有一定的内在逻辑关系,各个指标都要直接围绕总体评估目标展开,为评估活动的宗旨服务,各个指标应对被评估对象的各个方面给予描述,并且相互之间具有关联性,能相互补充、相互验证,不能出现过多的内涵重叠。评估指标体系的设计要充分考虑关联性,主要是根据司法运行与司法改革目标的逻辑体系内涵,从公正、高效、权威几个维度层层分析,从而得出具体的二级指标、三级指标等。

(5)可跟踪的(trackable)。评估的目的是监督和引导,无论是事前评估、事中评估还是事后评估都需要在一定阶段对评估的效果进行跟踪和再评估。这就要求在设计评估指标体系时,考虑相应指标是否便于跟踪监测和控制。司法评估工作是事先评估和事后评估的综合,是对一系列司法审判及司法改革实施的评估活动,在进行评估指标设计时,应当选择一些可以跟踪的指标。

三、司法评估指标体系及权重确定的基本方法

(一)AHP层次分析法的基本逻辑与步骤

结合层次分析法确定相关评估指标的权重,并根据具体情况对指标进行取舍,保留具有显著性意义的指标,剔除意义极低的指标,使指标体系更为系统、合理。AHP层次分析法解决复杂问题的基本思想是:首先,将总目标进行分层,并根据各个指标之间的隶属关系和相关影响,对各个指标按不同层次进行分类,形成不同层级;其次,利用AHP层次分析法,求各层次的指标对上一层次指标的权重;最后,利用最大特征值方法依次归并,求出总目标权重系数,指标越重要,其指标权重系数越大。

AHP层次分析方法的计算需要以下步骤:

1. 建立层次结构模型

将问题分解为不同的组成部分,并根据各个指标之间的相互影

响和隶属关系,对各指标进行分组和组合,形成多层次结构,确定最高层的综合相对重要性系数,即相对优序,系统分析被简化到最底层。

2. 调查问卷设计

对同一层次的指标重要性等级进行对比,确定其重要性,然后利用比例标度法,构成比较判断矩阵(见表2-1)。

表2-1 指标影响比较重要性等级表

两指标影响比较	相等	稍微重要	明显重要	非常重要	极其重要
δ_{11}	1	3	5	7	9

3. 构建判断矩阵

在回收调查问卷后,将问卷中的信息进行汇总分析,计算出各因素的重要性程度,建立判断矩阵(见表2-2)。

表2-2 指标影响比较判断矩阵表

B_k	B_1	B_2		B_n
B_1	δ_{11}	δ_{12}	...	δ_{1n}
B_2	δ_{21}	δ_{22}	...	δ_{2n}
...	...	...	...	...
B_n	δ_{n1}	δ_{n2}	...	δ_{nn}

其中,将所有指标在表格中进行纵横两个向度的排列,纵向排列的指标 B_1-B_n 可以用 B_i 表示,横向排列的指标 B_1-B_n 可以用 B_j 表示,相应的两两指标进行重要性比较之后的数值可以用 δ_{ij} 表示。举例而言,纵向排列的指标 B_1 与横向排列的指标 B_1 实际上为同一个指标,其重要性相等,因此其两两相比后的重要性数值 δ_{11} 则为1,实际上,δ_{22} 到 δ_{nn} 由于都是相同两个指标的重要性比较,其比值均为1。

4. 排序一致性检验

AHP层次分析法最主要的优点就是将调查问卷专家的主观定性

思维过程定量化,降低专家信息的主观片面性。这种主观性,即使九级标度也无法保证每个判断矩阵都完全一致,所以对各项指标的权重间是否存在矛盾还要经过一致性检验。

检验一致性的步骤如下。

计算矩阵的最大特征根 λ_{max}:

$$\lambda_{max} = \sum_{i=n}^{n} \frac{(AW)}{W_i} \tag{1-1}$$

式中:

λ_{max}—矩阵的最大特征根;

N—判断矩阵行数;

A—判断矩阵;

W—矩阵的特征向量;

AW—矩阵 A 和特征向量 W 相乘所得向量 AW 的第 i 个元素。

计算一致性指标 CI:

$$CI = \frac{\lambda_{max} - n}{n - 1} \tag{1-2}$$

查表确定相应的平均随机一致性指标 RI。据判断矩阵不同阶数查表 2-3,得到平均随机一致性指标 RI。

表 2-3　平均随机一致性指标 RI 表

矩阵阶数	1	2	3	4	5	6	7	8	9
RI	0	0	0.58	0.9	1.12	1.24	1.32	1.41	1.52

计算一致性比例 CR:

$$CR = \frac{CI}{RI} \tag{1-3}$$

并进行判断,当 $CR<0.1$ 时,认为判断矩阵的一致性是可以接受的;当 $CR>0.1$ 时,认为判断矩阵不符合一致性要求,需要对该判断矩阵进行重新修正。

5. 计算结果

使用 AHP 层次分析法软件计算结果，得出各指标权重。

需要说明的是，本研究不仅局限于运用上述 AHP 层次分析法软件确定权重，也根据最终各指标权重的具体情况对评估指标作最终取舍，保留权重高的指标，剔除权重极其低的指标，从而使得指标体系更为系统、合理。

(二) 运用层次分析法确定指标及权重的示例

司法评估指标及权重的确定都可以运用 AHP 层次分析法。笔者曾经参与过广东平安指数的课题研究，并在研究过程中运用 AHP 层次分析法对"刑事犯罪指数"的指标体系具体内容进行了分析与确定。司法评估指标体系及其权重的确定可以借鉴相关思路。以下以一级指标"社会治安安全"下的二级指标"刑事犯罪指数"如何运用 AHP 层次分析法确定三级指标及各级指标权重举例说明。

在刑事犯罪指数这一指标之下，笔者通过文献研究、规范分析与大量的实证调研征求实务部门的意见，确定刑事犯罪指数可从逻辑上拆分为刑事案件发生指数、案件情节危害指数、犯罪控制治理指数，具体的测分点则又可以分为常见多发案件发生率等 10 个方面的指标，具体见表 2-4。

表 2-4 刑事犯罪指数具体内容逻辑拆分表

刑事犯罪指数	刑事案件发生指数	常见多发案件发生率、未成年人犯罪率、一般案件发生率
	案件情节危害指数	5 年以上重罪率、累犯、团伙犯罪、外来人口犯罪等
	犯罪控制治理指数	破案率、案件侦破速度、二审改判发回率

运用 AHP 层次分析法，笔者建构了刑事犯罪指数的层次分析模型(见图 2-1)：

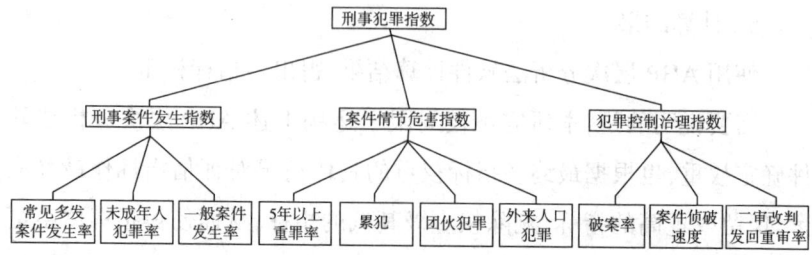

图 2-1　刑事犯罪指数层次分析模型

在上述模型之下,笔者设计了相应的刑事犯罪指数专家调查表:

表 2-5　刑事犯罪指数专家调查表

尊敬的专家:
您好!此调查表旨在调查刑事犯罪指数的指标体系与权重设定,请根据您的经验,按重要程度对所列指标进行评分,本项调查的结果将作为确定评估指标权重的主要依据。请各位专家对各指标的重要性采取 9 度法打分。感谢您的支持!

评分说明:
1:i 比 j 同样重要
3:i 比 j 稍微重要
5:i 比 j 比较重要
7:i 比 j 非常重要
9:i 比 j 绝对重要
1/3:i 比 j 稍微不重要
1/5:i 比 j 比较不重要
1/7:i 比 j 非常不重要
1/9:i 比 j 绝对不重要
2,4,6,8,1/2,1/4,1/6,1/8:表示重要程度介于 1~3,2~5,……之间

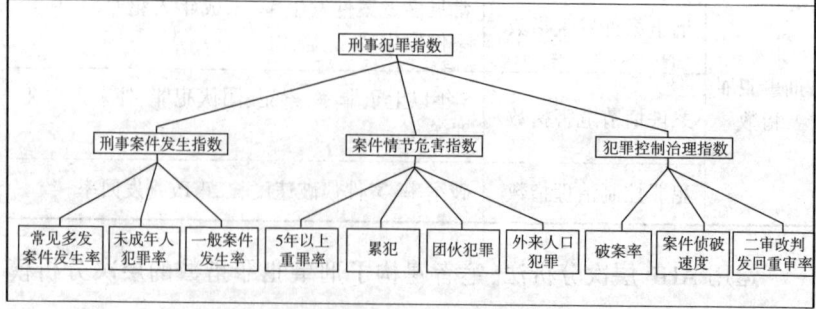

(续表)

刑事犯罪指数	1 同样重要	3 稍微重要	5 比较重要	7 非常重要	9 绝对重要	1/3 稍微不重要	1/5 比较不重要	1/7 非常不重要	1/9 绝对不重要	其他
刑事案件发生指数：案件情节危害指数										
刑事案件发生指数：犯罪控制治理指数										
案件情节危害指数：犯罪控制治理指数										

刑事犯罪指数：刑事案件发生指数	1 同样重要	3 稍微重要	5 比较重要	7 非常重要	9 绝对重要	1/3 稍微不重要	1/5 比较不重要	1/7 非常不重要	1/9 绝对不重要	其他
常见多发案件发生率：未成年人犯罪率										
常见多发案件发生率：一般案件发生率										
未成年人犯罪率：一般案件发生率										

刑事犯罪指数：案件情节危害指数	1 同样重要	3 稍微重要	5 比较重要	7 非常重要	9 绝对重要	1/3 稍微不重要	1/5 比较不重要	1/7 非常不重要	1/9 绝对不重要	其他
5年以上重罪率：累犯										
5年以上重罪率：团伙犯罪										
5年以上重罪率：外来人口犯罪										

(续表)

	1 同样重要	3 稍微重要	5 比较重要	7 非常重要	9 绝对重要	1/3 稍微不重要	1/5 比较不重要	1/7 非常不重要	1/9 绝对不重要	其他
累犯:团伙犯罪										
累犯:外来人口犯罪										
团伙犯罪:外来人口犯罪										
刑事犯罪指数:犯罪控制治理指数										
破案率:案件侦破速度										
破案率:二审改判发回重审率										
案件侦破速度:二审改判发回重审率										

在将上述调查表发给三位专家进行填写后,笔者运用 AHP 层次法分析软件录入数据,并经过一致性检验,最终形成了有关刑事犯罪指数的相关指标权重图表(见表 2-6、表 2-7 及图 2-2):

表 2-6　刑事犯罪指数中间层级指数权重表

节点	全局权重	同级权重
刑事案件发生指数	0.5908	0.5908
案件情节危害指数	0.1415	0.1415
犯罪控制治理指数	0.2677	0.2677

表 2-7　刑事犯罪指数中三级指标权重表

三级指标(测分点)	结论值(全局权重)	同级权重	中间层级指数
常见多发案件发生率	0.367	0.6212	刑事案件发生指数
未成年人犯罪率	0.1943	0.3289	
一般案件发生率	0.0295	0.05	

（续表）

三级指标(测分点)	结论值(全局权重)	同级权重	中间层级指数
5年以上重罪率	0.0963	0.6801	案件情节危害指数
累犯	0.0227	0.1604	
团伙犯罪	0.0162	0.1147	
外来人口犯罪	0.0063	0.0447	
破案率	0.1663	0.6212	犯罪控制治理指数
案件侦破速度	0.088	0.3289	
二审改判发回重审率	0.0134	0.05	

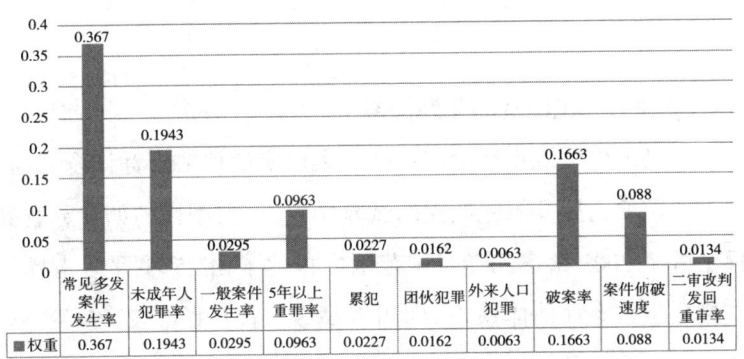

图2-2 刑事犯罪指数中三级指数权重图

整体来看，只有常见多发案件发生率、未成年人犯罪率、5年以上重罪率、破案率、案件侦破速度这5个方面指标的全局权重在0.1(10%)左右或远超0.1，如常见多发案件发生率的全局权重达0.367，其他指标的权重均比较低，也即从专家视角来看，只有这5个方面的三级指标是有意义的指标，其他指标由于权重太低，并不具有入选刑事犯罪指数这一指标的必要性。也正是基于此种考虑，笔者最终在刑事犯罪指数这一二级指标下只确定了5个三级指标，并且其权重也能够运用AHP层次分析法进一步确定。

笔者认为，以上关于"刑事犯罪指数"确立下级指标及其权重的具体方法与逻辑完全可以运用到司法评估指标及其权重的确立中。特别是"刑事犯罪指数"包含的犯罪治理指标本身涉及包括侦查、起诉、审判在内的与刑事司法相关的指标,而刑事司法又属于司法评估的重要内容。

第二节 司法评估指标体系的对比分析

一、法院案件质量评估指标体系

(一)地方人民法院的先期探索

在最高人民法院推行全国统一的案件质量评估指标体系之前,不少地方法院便已展开了先期性的试验探索。① 典型性的如江苏省高级人民法院于2003年率先在全国范围内构建了由25项评估指标组成的审判质量效率评估体系。② 四川省高级人民法院于2005年建立起

---

① 关于中国各地方法院先期探索建立案件质量评估体系情况的简要介绍,可参见孙增芹、徐月峰:《中国法院审判质量效率评估指标体系研究》,载《中国石油大学学报(社会科学版)》2012年第4期。

② 江苏省高级人民法院于2003年下发《关于建立全省法院审判质量效率统一指标体系和考评机制的实施意见(试行)》及其三个附件,上述文件构建了江苏全省各级、各个法院审判业绩的评估指标体系。该评估体系包括:①结收案比;②案件平均审理天数;③法定正常审限内结案率;④依法延长审限、中止审限、中断审限、暂停计算审限未结案率;⑤超审限未结案率;⑥18个月以上未结案件数;⑦民事案件调解率;⑧上诉率;⑨被改判发回率;⑩执结率;⑪标的额到位率;⑫各中院一审、二审、再审收、结、未结案件数;基层法院一审、再审收、结、未结案件数;⑬各中院执行收、结、未结案件数;基层法院执行收、结、未结案件数;⑭向上级法院投诉率;⑮申诉率;⑯执行案件投诉率;⑰当庭结案率;⑱民事案件撤诉率;⑲行政一审案件撤诉率;⑳申诉复查案件撤诉、和解率;㉑申诉复查案件再复查率;㉒各审判业务部门案件平均审理天数;㉓院人均结案率;㉔审判人员平均结案数;㉕减刑、假释案件数。参见孙增芹、徐月峰:《中国法院审判质量效率评估指标体系研究》,载《中国石油大学学报(社会科学版)》2012年第4期。

由27个指标组成的"审判质效综合评价指数"。上海市各级法院于2003年开始着力改进审判质量效率评估指标的设置,建立了相对可行的评估法院审判工作质量的指标①,其后,经过几年的完善,到2006年9月形成了包括39项评估指标在内的审判质量效率评估体系。② 吉林省高级人民法院也于2006年探索建立了包括11项基础指标和18项分析指标的审判质量与效率评估体系。这些地区探索建构的司法评估指标体系虽然在部分指标内容上有所区别,但整体而言,它们并不是各自为政,而是在最高人民法院认可的大致方向和范围内展开,评估指标所指向的具体内容显然具有高度的一致性。

(二)最高人民法院对法院案件质量评估指标体系的统一试行

最高人民法院在2005年发布的《人民法院第二个五年改革纲要(2004—2008)》中首次提出,要在法院系统内构建"科学""统一"的审判质量和效率评估体系。随后,经过两年多的研究与总结,2008年1月11日,《最高人民法院关于开展案件质量评估工作的指导意见(试行)》发布,形成了最初的"科学"并"统一"运用于全国的司法评估指标体系。该评估指标体系确立了3个二级指标(公正、效率、效果——这三个维度一举奠定了现行司法评估体系的基础),并基于二级指标

---

① 具体的评估指标包括月均结案率、月均未结案率、结案均衡度、平均审理案件天数、人均结案数、延期长久未结案数、一审二审民事案件调解率、送达率、上诉率等。参见齐奇:《切实改进审判质量与效率评估指标的设置》,载《人民法院报》2003年5月31日,第1版。

② 该体系包括19项主评估指标:①同期结案率;②月均未结案率;③平均审理天数;④平均执行天数;⑤人均结案数;⑥18个月以上未结案件数;⑦上诉案件延期移送率;⑧均衡结案率;⑨立案变更率;⑩民事调解率;⑪民事撤诉率;⑫一审民事服判息诉率;⑬上诉率;⑭二审改判发回率;⑮申诉率;⑯申诉改判发回率;⑰实际执行率;⑱执行标的到位率;⑲向上级法院投诉率。12项配合主评估指标的副评估指标:①结案率;②均存案工作量;③前存案工作量;④平均审限天数;⑤平均执限天数;⑥0个月以上未结案数;⑦上诉维持率;⑧二审改判发回瑕疵率;⑨执结率;⑩初执标的到位率;⑪初执和解标的所占比例;⑫累投数。8项调研指标:①收、结、未结案件数;②审限内结案率;③执限内执结率;④简易程序使用率;⑤当庭裁判率;⑥请示案件数;⑦进京上访数;⑧抽查信息输入差错率。参见孙增芹、徐月峰:《中国法院审判质量效率评估指标体系研究》,载《中国石油大学学报(社会科学版)》2012年第4期。

的三个维度,进一步设计了33个三级指标,成为各级法院建立案件质量评估体系的具体指导。根据上述意见的规定,各级法院可以在此基础上结合实际情况适当删减或增加。但在实践中,由于最高人民法院最终要按照这一"统一"的指标体系对各高级人民法院的案件质量展开评估与考核,因此,各级法院基本上依循了最高人民法院的指标体系,删减或增加的内容并不多。2008年最高人民法院"统一"试行的具体指标体系如表2-8:

表2-8 2008年最高人民法院试行的法院案件质量评估指标体系[①]

一级指标	二级指标	三级指标
案件质量综合指数	审判公正指标(11个)	立案变更率、一审陪审率、一审上诉改判率、一审上诉发回重审率、生效案件改判率、生效案件发回重审率、二审开庭率、执行中止终结率、违法审判率、违法执行率、裁判文书质量
	审判效率指标(11个)	法定期限内立案率、法院年人均结案数、法官年人均结案数、结案率、结案均衡度、一审简易程序适用率、当庭裁判率、平均未执结持续时间与执行期限比、平均审理时间与审限比、平均执行时间与执行期限比、平均未审结持续时间与审限比
	审判效果指标(11个)	上诉率、申诉率、调解率、撤诉率、信访投诉率、重复信访率、实际执行率、执行标的到位率、裁判主动履行率、一审裁判息诉率、公众满意度

(三)最高人民法院案件质量评估指标体系的确立与改革

随着司法评估工作的不断深入,审判管理工作得到了有效展开。在总结前期各级地方司法评估实践以及最高人民法院试行的统一的案件质量评估体系运行状况等相关经验的基础上,2011年,《最高人民法院关于开展案件质量评估工作的指导意见》出台,对2008年试行的法院案件质量评估体系展开较大幅度的修订与完善,力图构建更为

---

① 资料来源:《最高人民法院关于开展案件质量评估工作的指导意见(试行)》,法发〔2008〕6号。

科学、合理，更加符合司法规律的评估指标体系。此次评估体系的修改情况如下（见表2-9）：

表2-9　2011年法院案件质量评估指标体系调整情况①

	指标名称	备注
新增指标 （10个）	一审判决案件改判发回重审率（错误）	合并
	二审改判发回重审率（错误）	新增
	对下级法院生效案件提起再审率	新增
	生效案件改判发回重审率	合并
新增指标 （10个）	对下级法院生效案件再审改判发回重审率	新增
	再审审查询问（听证）率	新增
	司法赔偿率	合并
	法定（正常）审限内结案率	新增
	延长审限未结比	新增
	调解案件申请执行率	新增
取消指标 （12个）	上诉改判率	合并
	上诉发回重审率	合并
	生效案件改判率	合并
	生效案件发回重审率	合并
	执行中止终结率	取消
	违法审判率	合并
	违法执行率	合并
	平均未审结持续时间与审限比	取消
	平均未执结持续时间与执行期限比	取消
	结案率	取消
	上诉率	取消
	重复投诉率	合并

---

① 资料来源：张军主编：《人民法院案件质量评估体系理解与适用》，人民法院出版社2011年版，第34—35页。

2014年12月23日,最高人民法院召开关于案件质量评估工作和审判绩效考评工作运行情况的会议。此次会议的重要议题之一是对司法评估指标体系的改革作出部署。会上,最高人民法院党组提出,未来的改革要将评估指标划分为约束性指标与参考性指标,约束性指标必须符合法律规定并且具有强制力,而参考性指标仅仅作为统计分析审判运行态势的参考,不具有约束性。① 需要注意的是,此次改革尚未废止或修改2011年出台的评估指标。换言之,这些指标当前仍然是评估或评价法院提供的司法服务之优劣程度的基本工具。当然,虽然取消了排名,但最高人民法院也不断对该指标体系进行改革与完善。2023年,最高人民法院在主题教育期间调研了解到,不少地方法院建议健全完善审判质量管理指标体系,随后最高人民法院党组将"审判质量管理指标体系不够科学"作为主题教育整改整治的突出问题并展开了充分的调研,期间收到各方面反馈的意见建议800余条,在充分消化吸收2011年人民法院案件质量评估指标体系和各级高级人民法院正在实施的审判质量评价指标体系合理有效的内容的基础上,对审判质量管理指标体系进行了反复修改、完善。② 随后,2024年1月,经过近半年的试运行,全国法院开始适用《人民法院审判质量管理指标体系》。指标体系包含26项指标,多数指标设合理区间参考值,在区间范围内即为达标,防止盲目攀比、追高压低。指标设置从一开始就以"精简和必要"为原则,力戒繁琐冗余。2024年9月,最高人民法院又进一步修改指标体系,从26项减少到18项,精简比例达三分之一,部分指标的业务口径、合理区间

---

① 将法院案件质量评估指标划分为约束性指标与参考性指标的做法其实并不算新鲜,在地方各级法院探索建立案件质量评估体系的初期,不少法院都有此种类型的划分,只不过名称有所不同,比如,基础性指标与分析性指标,核心指标与参阅指标,控制性指标与调研性指标,等等。其后,虽然最高人民法院公布了统一的案件质量评估体系,但各地方高级人民法院依然保留了区分指标的做法。

② 参见白龙飞:《最高法党组研究建立审判质量管理指标体系》,载《人民法院报》2023年6月21日,第1版。

参考值也作了优化调整。① 此外,在2024年12月公布的《人民法院第六个五年改革纲要(2024—2028年)》中,最高人民法院更是明确提出,要以审判质量、效率、效果有机统一为导向,构建完善符合司法规律、务实管用的审判质量管理指标体系。

(四)指标体系变动中的不变逻辑

纵观自地方各级人民法院探索案件质量评估指标体系到最高人民法院正式确立及改革评估指标体系变迁情况不难发现,虽然在具体的评估指标及某些评估指标的权重分配上确实存在一定的变化,但是整体而言,评估指标体系的"不变"远大于"变",即"变"的只是表面形式,不变的是其实质内容。这种稳定性的实质内容主要是指司法质量长期以来均被视为公正、效率及效果三个层面的综合体,其中,效果及效率维度特别受到重视。

笔者以为,在新时代践行"以人民为中心""努力让人民群众在每一个司法案件中感受到公平正义"等新要求的背景下,最高人民法院始终贯彻的司法价值观决定了案件质量评估指标体系必然要将审判效果视为案件质量的重要内容,同时决定了关于效果维度的指标也不会出现实质性的变化。关于司法价值观的概念,按照江国华的总结,一般可以从两个方面理解:一是指国家对司法的定位,即国家对于司法的总体认识和期待;二是指主流社会和司法职业群体对司法的意义、地位和重要性的总体评价或看法。② 实际上,司法价值观涉及司法之价值关系的总体宏观认识和期待,并决定着实践中具体司法行为的功能发挥的范围与程度。换言之,整体性宏观的司法价值观决定具体

---

① 参见王丽丽:《把符合司法规律的审判管理做优,把为基层减负做实——最高人民法院审管办负责人就〈人民法院审判质量管理指标体系〉修订情况答记者问》,载《人民法院报》2024年9月30日,第2版。

② 参见江国华:《转型中国的司法价值观》,载《法学研究》2014年第1期。

的司法服务的价值表现形式。

中国的司法价值观一直保持高度的稳定性,国家对司法的定位主要侧重于强调其为社会排忧解难、为建设和谐社会服务,因此,某种程度可以说,这是一种"社会司法价值观"①。深入地看,这种司法价值观更多强调"司法的政治性、人民性、民主性、合目的性(为大局服务)、可接受性(强调尊重社情民意、强调调解结案)、和谐性(强调司法机关之间的配合、强调对受害人的救济等)、合理性等司法理念"②。需要注意的是,这一司法价值观虽然强调司法的法律效果与社会效果乃至于政治效果的统一,但事实上,不管是在政策层面,还是在具体的司法实践中,社会效果已被过度放大,甚至被视为司法提供的服务是否具有政治正确性的根本指标。③ 某种程度上,正是因为这种司法价值观的长期持续存在,司法评估指标体系关于效果维度的指标设定及其稳定不变显然是不可避免的。

而关于效率指标在较长时间内未发生实质变化的原因,则在很大程度上是由于法院力图解决"案多人少"现实矛盾的考虑,包括一审简易程序适用率、当庭裁判率、评价审理时间指数、法院年人均结案数及法官年人均结案数等评估指标。事实上,这些反映的都是作为评估主体的法院所力图解决"案多人少"矛盾的诉求。需要指出的是,法院将效率作为案件质量的重要内容,实际上是在评估标准中加入了自身(评估者)的考量。从认识论的角度而言,这种做法欠缺一定的合理性。因为正如前文所述,当评估标准加入评估者自身的价值诉求时,评估标准及由此设计的评估指标在客观性、有效性上就会产生问题。

---

① 江国华:《转型中国的司法价值观》,载《法学研究》2014 年第 1 期。
② 江必新:《辨证司法观及其应用》,中国法制出版社 2014 年版,第 3 页。
③ 参见江国华:《转型中国的司法价值观》,载《法学研究》2014 年第 1 期。

二、中国司法综合评价指标体系

中国司法综合评价指标体系由广州大学公法研究中心中国司法改革评价研究创新团队研发,笔者作为团队核心成员承担了该指标体系的核心研发工作。2017年6月,该指标体系及相关的测试版评估结果在北京发布。① 中国司法综合评价指标体系力求兼顾评价指标的全面性、客观性、科学性及可操作性,以司法制度运作基本内容的重要方面特别是我国当前司法改革重点关注的内容为立足点,以《中共中央关于全面深化改革若干重大问题的决定》《中共中央关于全面推进依法治国若干重大问题的决定》《最高人民法院关于全面深化人民法院改革的意见——人民法院第四个五年改革纲要(2014—2018)》《最高人民检察院关于贯彻落实〈中共中央关于全面推进依法治国若干重大问题的决定〉的意见》《法院组织法》《人民检察院组织法》《法官法》《检察官法》《刑事诉讼法》《民事诉讼法》《行政诉讼法》等法律法规、司法改革文件为基础。笔者认为,上述法律法规、司法改革文件等涵盖了司法制度运作和司法改革的主要内容,是我国当前推进司法制度建设的基本依据。因此,从上述法律法规、司法改革文件出发,凝练评价指标、构建指标体系,可以增强评价的客观性、公平性和全面性。

(一)评价指标的内容

中国司法综合评价指标体系共包括7个一级指标、15个二级指标和50个三级指标(基本观察点)。7个一级指标分别为司法制度与职权配置、司法人员管理与职业化、司法经费与装备保障、人权司法保障

---

① 参见《中国司法综合指数(测试版)发布》,载央广网2017年6月27日,https://china.cnr.cn/gdgg/20170627/t20170627_523822048.shtml。

与司法文明、司法责任与监督司法、司法程序与裁判、司法权威与公信力。指标体系构成如表2-10：

表2-10　中国司法综合评价指标体系表

序号	指标名称	指标权重	指标性质
一级指标1　司法制度与职权配置		15%	
1.1	司法配套制度的构建与完善	50%	
1.1.1	司法程序制度的构建与完善	三级指标作为重要观察点平均分配权重（下同）	主观指标
1.1.2	审判（检察）管理制度的构建与完善		主观指标
1.1.3	人财物管理制度的构建与完善		主观指标
1.2	司法职权落实机制	50%	
1.2.1	审判权（检察权）落实机制		主观指标
1.2.2	审判（检察）组织权力落实机制		主观指标
1.2.3	干扰司法排除落实机制		主观指标
一级指标2　司法人员管理与职业化		10%	
2.1	司法人员的合理管理	50%	
2.1.1	司法人员分类明确配置合理		主观指标
2.1.2	司法人员培训常态化		主观指标
2.1.3	司法人员考核机制合理		主观指标
2.1.4	司法人员晋升机制合理		主观指标
2.2	司法人员的职业化建设	50%	
2.2.1	司法人员招录公开规范		主观指标
2.2.2	法官（检察官）遴选机制健全运行		主观指标
2.2.3	司法人员职业待遇有效保障		主观指标
2.2.4	司法人员履行法定职责保护机制构建落实		主观指标
一级指标3　司法经费与装备保障		10%	
3.1	司法经费保障	30%	
3.1.1	司法运行经费保障		主观指标
3.1.2	司法援助经费保障		主观指标

（续表）

序号	指标名称	指标权重	指标性质
3.2	司法实体装备保障	30%	
3.2.1	基础设施保障		主观指标
3.2.2	其他实体装备保障		主观指标
3.3	现代化司法装备保障	40%	
3.3.1	司法信息查询发布数字化平台保障		主客观指标
3.3.2	数字化审判（检察）运行系统保障		主观指标
3.3.3	数字化司法管理系统保障		主观指标
一级指标4	人权司法保障与司法文明	15%	
4.1	人权司法保障	60%	
4.1.1	律师代理（法律援助）申诉制度的构建与有效运行		主观指标
4.1.2	刑事侦查阶段律师介入帮助情况		主观指标
4.1.3	涉案财物的有效保障		主观指标
4.1.4	强化公民诉讼权利的制度保障		主观指标
4.1.5	健全落实冤假错案的预防与纠正机制		主观指标
4.2	司法人员文明程度	40%	
4.2.1	司法人员的法治信仰情况		主观指标
4.2.2	司法人员的礼仪文明情况		主观指标
一级指标5	司法责任与监督司法	15%	
5.1	司法人员的责任	50%	
5.1.1	法官枉法裁判责任		主观指标
5.1.2	法官（检察官）玩忽职守责任		主观指标
5.1.3	法官（检察官）不廉洁责任		主观指标
5.1.4	法官（检察官）与当事人不正当交往责任		主观指标
5.1.5	领导插手或干扰案件责任		主观指标
5.2	监督司法机制	50%	

(续表)

序号	指标名称	指标权重	指标性质
5.2.1	检察机关诉讼监督的加强		主观指标
5.2.2	人民陪审员、监督员制度的改革与完善		主观指标
5.2.3	社会舆论监督及其规范化		主观指标
一级指标6	司法程序与裁判	20%	
6.1	程序正当高效	50%	
6.1.1	司法步骤完整过程留痕		主观指标
6.1.2	司法程序运作遵守法定期间		主客观指标
6.1.3	不转嫁司法成本		主观指标
6.2	裁判合法有理	50%	
6.2.1	裁判的合法性		主客观指标
6.2.2	裁判文书说理充分		主观指标
6.2.3	法律适用平等		主观指标
6.2.4	裁判援引指导性案例情况		主观指标
一级指标7	司法权威与公信力	15%	
7.1	裁判得到认可与执行	50%	
7.1.1	执行措施的有效性		主客观指标
7.1.2	生效裁判再审启动情况		主客观指标
7.2	公民法律信仰与司法公信	50%	
7.2.1	普法宣传状况		主观指标
7.2.2	公民知法守法状况		主观指标
7.2.3	涉诉涉检当事人信访情况		主客观指标
7.2.4	司法机关威信		主观指标
7.2.5	司法人员声誉		主观指标

（完整的中国司法综合评价指标体系的构建设想请参见附录）

关于中国司法综合评价指标体系的指标权重分配，采用专家咨询打分的方式，将评价指标体系发送给对于司法制度有深入研究的理论与实务专家进行打分、征求意见，再经项目组充分吸收专家打分设定的结果后确定相关具体权重。需要说明的是,在确定具体权重时,主要考虑一级指标和二级指标的权重分配。对于三级指标,在具体设计指标时是将二级指标作为重要的观察点,即这些观察点是对二级指标的具体的重要方面的综合关注,对于二级指标而言具有同等重要性,因此对三级指标采取平均分配权重的方式。

(二)评价指标的数据采集与计分方式

中国司法综合评价指标体系设计主要以主观问卷及访谈的形式获得相关数据,同时在设计部分三级指标的具体评分时,也充分利用了可获得的客观数据(主要是司法统计、法院审判／检察院案件管理中可获得、可利用的数据)。主观调查问卷分为法律职业群体问卷和非法律职业群体问卷。法律职业群体问卷受访群体具体包括法官(法院助理、书记员)、检察官(检察官助理、书记员)、律师(律师助理)。非法律职业群体问卷则是除上述群体之外的其他人员。需要注意的是,由于诸如审判管理、检察管理、法官检察官遴选、法院经费、法官待遇等在内的部分法律专业性问题某种程度上只有法律职业人士(甚至只有法官、检察官等群体)才有了解,因此,对于这些评价指标,仅设计了针对法律职业人士的相关问题。同时,对于司法公信力等评价指标,由于其指标内容指向的主要是社会公众(包括律师)对司法的信任与认同,因此,对于此类评价指标的调查对象也不包括法官(法官助理、书记员)、检察官(检察官助理、书记员)等群体。

客观数据的量化方式主要是设计科学的评分标准,按照评分标准量化成百分制分数。主观问卷调查的分值计算采用"满意率(优劣率)"和"满意度(优劣度)"两种方法计算。问卷中的题目均采用五级量表评价方法,设为"满意(优)""比较满意(良)""基本满意(一般)""不太满意(较差)""不满意(非常差)""不清楚(缺失值)"六个层次的选项。其中,"不清楚"设为缺失值,不参与数据分析。满意度(优劣度)则按照国际通行的民意调查满意度的计算方法。"满意(优)"赋值为 100 分,"比较满意(良)"赋值为 80 分,"基本满意(一般)"赋值为 60 分,"不太满意(较差)"赋值为 40 分,"不满意(非常差)"赋值为 20 分,即单一三级指标的总分数="满意"比例×100 分+"比较满意"比例×80 分+"一般"比例×60 分+"不太满意"比例×40 分+"不满意"比例×20 分。

需要说明的是,指标体系中有 6 个三级指标涉及客观指标,并试图将主观指标和客观指标以 1∶1 的比例在指标评估中有机地加入这些客观数据。这 6 个三级指标涉及的客观数据包括:

指标 3.3.1 司法信息查询发布数字化平台保障——裁判文书上网率(生效)、检察文书上网率。

指标 6.1.2 司法程序运作遵守法定期间——法定(正常)期限内结案率。

指标 6.2.1 裁判的合法性——一审判决案件改判发回重审率、生效案件改判发回重审率。

指标 7.1.1 执行措施的有效性——执行标的到位率或民事判决执结案率(实际执行率)。

指标 7.1.2 生效裁判再审启动情况——再审启动率。

指标 7.2.3 涉诉涉检当事人信访情况——涉诉信访率、涉检信访率。

与没有涉及客观指标的三级指标有所区别,上述涉及客观数据的三级指标分为主观指标与客观指标,其计分方式也有所不同。

第三节　司法评估指标体系的评判

一、司法评估指标体系的有效性问题

司法评估指标的有效性是其能否实现科学公正评估首要考虑的问题，但这个问题实际上并不容易解决。整体而言，法院内部的案件质量评估指标体系一直都面临着效度方面的一些质疑，最高人民法院在其后修改调整出台审判质量管理指标体系时，对指标体系的删减首要考虑的也是效度问题，笔者所参与设计的中国司法综合评价指标体系在测试及发布测试结果的过程中，也收到一些关于评估指标体系效度不足的质疑，以人民法院案件质量评估指标体系为例，其效度方面的问题首先体现在评估指标的设计中，将司法质量界定在"公正、效率、效果"三个维度存在着逻辑上的缺陷。从理论层面来看，公正、效率与效果本身就不属同一层次，三者之间的逻辑界分是比较明显的。公正与效率相对独立，各自可以表征案件质量的具体内容，但是，效果在很大程度上由公正与效率所决定。一般而言，只要案件审判过程公正、效率得到提高，效果自然也会随之提升。当然，也有特殊情况，即个案处理过程公正、效率很高，同时结果也符合法律规定，但最终当事人上诉、申诉乃至于信访投诉。由于未能有效区分公正、效率与效果三者的逻辑层次，这一评估指标体系要么存在重复评价问题，要么针对同一个案可能有着截然相反的两种评估结果。修改调整后的审判质量管理指标体系则是将"公正"改为"质量"，从"质量、效率、效果"有机统一的层面构建指标。这个调整虽然在文字上有所修改，但实际

上依然还是遵循以往的"公正、效率、效果"三个维度的基本逻辑,而且整体性的"审判质量"与作为其三维度之一的"质量"之间在用语上还存在着重复问题,更不利于对"审判质量"的有效界定。

同时,最高人民法院对公正、效率及效果三个维度指标的赋值也存在对关键绩效指标关注不足的问题。在最高人民法院公布的指标体系中,公正指标共计 11 个,赋值 40%;效率指标共计 10 个,赋值30%;效果指标共计 11 个,赋值 30%。显然,效率及效果两项评估指标的总赋值已经超过应当作为关键绩效指标的公正赋值。至少从理论上来看,最高人民法院在设计二级指标时,对关键绩效指标的把握是有问题的。当然,这与最高人民法院所持有的"社会司法价值观"有关。因此,当批评最高人民法院对关键绩效指标关注不足时,事实上批评的是背后的社会司法价值观。

基于关键绩效指标考虑,还需要批评学界认为案件质量评估指标应当平衡的观点。有论者曾对 2008 年试行的案件质量评估指标体系提出指标倾向性明显,导致评估体系失衡的问题。该论者指出,公正指标中,权数为 25% 的一审判决案件改判发回重审率权数调整为 19%〔2011 年该指标修改为一审判决案件改判发回重审率(错误)〕,权数为 21% 的生效案件改判发回重审率,指标内容及权数均未变(引者注),两项评估指标是整体评估体系中权数最大的。指标倾向性明显,削弱了其他评估指标的地位。[①] 事实上不难发现,这种批评存在明显的问题。从关键绩效指标的理论视角看,评估指标体系注定不可能是平衡的,必然要有所侧重。生效案件改判发回重审率、一审判决案件改判发回重审率(错误)评估反映的是法院判决案件出现事实认定错误、程序违法或者适用法律错误,体现了司法质量的核心关键性要求。从评估测度的角度看,赋予其高分值的权

---

① 参见杜谦:《案件质效评估的实证探究与功能定位》,载《人民法院报》2014 年 7 月 23 日,第 8 版。

重,自然有理论依据。

司法评估指标体系效度问题还体现在部分具体评估指标的效度明显不足。比如,一审案件陪审率这一指标,最高人民法院设定该指标的目的是反映一审案件的司法民主状况和司法透明度。应当承认,从理论上看,一审案件陪审率能够在一定程度上反映案件审理的公开透明性和司法的民主状况。但正如胡夏冰所指出的,一审案件陪审率与司法公开之间不能画等号,同时,它与司法民主之间的内在逻辑也并非那么紧密。① 由此而言,一审案件陪审率并不能作为评估司法质量中司法公正维度的有效指标。

存在效度问题的具体评估指标还有二审改判发回重审率(错误)、对下级法院生效案件提起再审率、对下级法院生效案件再审改判发回重审率等,这些指标都反映了上级法院的纠错能力,且都是正向指标,意味着二审法院发改(错误)越多,对下级法院生效案件提起再审、再审发改越多,则司法质量越高。从认识论角度来看,这些指标评估值越高反映的显然是法院所处理的案件存在着更多错误,质量差,何以反映案件质量更好呢?事实上,最高人民法院设计这些指标并不是从认识论而是从管理论角度展开的,即设定该指标以引导上级法院多纠错。

二、司法评估指标体系的系统性问题

司法评估指标体系欠缺系统性主要是指其未能按照类型化方式设计。类型化处理是解决问题的一种理性、科学与系统的方式。江必新在讨论审判管理时,就提出了管理科学化的一个重要路径——类型

---

① 参见胡夏冰:《案件陪审率,应该是个什么指标》,载《人民法院报》2015年1月13日,第2版。

化,包括案件类型化、法院类型化、机构类型化和人员类型化。① 对中国司法评估指标体系的设计与建构而言,这样的思路无疑值得参照。不同法院、不同庭室、不同的法官在处理的案件类型上有显著差别;不同的案件类型当然也有不同的质量要求。中国司法评估指标的类型化,主要是基于不同的类型法院、阶段和案件设计不同评估指标。

具体而言,案件质量评估指标体系从公正、效率、效果三个维度设计不同评估指标,看起来似乎具有一定系统性,但观察其具体三级评估指标不难发现,这一评估指标体系异常混乱。该指标体系意图囊括从起诉审查、立案、开庭前的各种准备活动,到庭审过程、合议庭评议、判决作出、宣判、执行,案件有二审的,还包括二审从立案到结案及执行,此外还包括再审、申诉信访、国家赔偿等阶段,并全部纳入案件质量评估范畴,力图建立一个无所不包的评估体系。但是,这样的努力无疑是失败的,评估指标体系的逻辑体系也极为混乱,难见评估指标的紧密联系。

以公正指标为例,从立案变更率开始,其后依诉讼流程分别设立

---

① 关于案件类型化,如诉讼案件和执行案件显然应类型化,不能"一锅煮";刑事案件、民事案件、行政案件都有各自的特殊性,也应类型化;在民商案件中,有适用特别程序、简易程序与普通程序审理的案件,还有合同(担保)、侵权等纠纷案件,都需要类型化,分别找出其各自的不同特点,有针对性地加以规范。当然,类型化得越细密,规范就会越复杂,运作起来就会越麻烦。对此,一方面需要权衡利弊,科学把握取舍类型化的度;另一方面应寄希望于电子化、信息化、智能化的科技手段。关于法院的类型化,则是指作为被管理主体的法院,有的所处地区经济发展条件比较好,有的所处地区相对比较落后,若不加区别地以同样的标准来进行考核,有些经济落后地区的法院总是被落在后面,长此以往,就会被认为不是输在终点上,而是输在起点上,从而丧失竞争及工作的积极性和主动性。所以,对法院也应进行类型化,应该有不同的分类考核标准来区别对待。如将中国西部地区、中部地区、东部地区的法院划分为几个可比的方阵,将高级人民法院、中级人民法院、基层人民法院区分考核等。关于机构的类型化,由于法院内设机构分工不同,对其工作的激励考评如果不加区分地统一采取投票的方式进行,就可能导致具有监督职责、会"得罪人"的机构(如纪检监察、审判监督、审判管理部门)处于劣势或者得到不平等、不公正的评价,所以对内设机构的管理也要类型化,如分业务部门和非业务部门,将刑庭、民庭、行政庭、立案庭、审监庭等业务部门按可比性分类考评等。关于人员的类型化,如区别法官与审判辅助人员、资深法官与初任法官等。需要注意的是,人员类型化一定要有正当的理由,应防止出现歧视偏袒和负作用。参见江必新:《论审判管理科学化》,载《法律科学(西北政法大学学报)》2013 年第 6 期。

一审案件陪审率、一审判决案件改判发回重审率(错误)、二审改判发回重审率(错误)、二审开庭率、对下级法院生效案件提起再审率、生效案件改判发回重审率、对下级法院生效案件再审改判发回重审率、再审审查询问(听证率)、司法赔偿率,以及裁判文书评分。如果非要有一个标准,应该是诉讼流程,但选取的评估指标明显看不出有何逻辑体系性,各种评估指标混杂、混乱。

如果基于类型化的视角来看,案件质量评估指标体系系统性不足表现在:一是调解案件与判决案件没能实现区分并设计类型化的评估指标。相反,却把案件是否以调解结案视为是否体现审判效果的要素,并将其作为评估司法质量优劣程度的指标。二是没有针对不同的诉讼类型设计评估指标,比如,民事诉讼、刑事诉讼与行政诉讼应该分别体现不同的质量要求:民事诉讼的案件质量应当体现为司法的可接近性、立案及时受理、符合司法公正要求、调解自愿合法等,刑事司法的案件质量更多应该体现为程序的公正性,如是否严格贯彻《刑事诉讼法》规定的无罪推定原则,是否有效保障了当事人及其辩护律师的诉讼权利,当然更包括实体裁判上是否公正而指标体系显然没有区分不同诉讼类型,混淆在一起,难以有效反映不同诉讼类型案件的真实质量。

三、评估指标体系的主客观问题

主客观相统一是马克思主义哲学认识论的基本内容之一,是科学认识社会现象的基本方法。司法评估则是对法院审判执行工作、审判管理工作、司法制度建设、司法体制改革工作等司法领域这一特殊社会现象与实际状况的一种认识。因此,其指标体系的设计显然也要符合主客观相统一的基本原理要求。然而,案件质量评估指标体系包括其后修改调整为审判质量管理指标体系，基本上属于客观指标，这些客观指标乃尽可能将法院审判执行工作质量或司法服务水平以一种可量化的数据显现出来。具体来看，包括"量"（如法院年人均结案数、法官年人均结案数），以及占据绝大部分的"率"[如立案变更率、一审案件陪审率、一审判决案件改判发回重审率（错误）、调解率、撤诉率]等。客观而言，这种以原始数据、比率等形式描述法院或法官审判执行工作质量的做法确实可以实现评估的可度量化与客观化，也可以在相当程度上反映法院的运作状况及法官的工作表现。但仔细观察不难发现，这种客观指标事实上并不能完全反映司法质量，一些关于案件质量的重要内容，如法官在审判过程中的行为表现，案件程序质量的诸多内容包括程序的中立性、程序的平等性等①，就无法通过客观指标反映②。此时，主观指标就显得尤为重要。纵观中国司法评估体

---

① 关于程序公正的内容，如陈瑞华认为，程序公正的标准或要素一般包括程序参与原则、中立原则、程序对等原则、程序理性原则、程序自治原则、程序及时和终结原则；又如王利明认为，程序公正的内容一般包括裁判者的独立与中立、程序的合理性、程序的公开性、程序的平等性、程序的民主性、程序的便利性及及时性。参见陈瑞华：《刑事审判原理论》，北京大学出版社1997年版，第60页；陈瑞华：《程序正义论——从刑事审判角度的分析》，载《中外法学》1997年第2期；王利明：《司法改革研究》（修订本），法律出版社2001年版，第53页。

② 关于案件程序质量的评估，一审判决案件改判发回重审率（错误）、生效案件改判发回重审率等评估指标实际上有涵括。《刑事诉讼法》第238条规定，第二审人民法院发现第一审人民法院的审理有下列违反法律规定的诉讼程序的情形之一的，应当裁定撤销原判，发回原审人民法院重新审判：（一）违反本法有关公开审判的规定的；（二）违反回避制度的；（三）剥夺或者限制了当事人的法定诉讼权利，可能影响公正审判的；（四）审判组织的组成不合法的；（五）其他违反法律规定的诉讼程序，可能影响公正审判的。《民事诉讼法》第170条规定，第二审人民法院对上诉案件，经过审理，按照下列情形，分别处理：……（四）原判决遗漏当事人或者违法缺席判决等严重违反法定程序的，裁定撤销原判决，发回原审人民法院重审。《行政诉讼法》第89条规定，人民法院审理上诉案件，按照下列情形，分别处理：……（四）原判决遗漏当事人或者违法缺席判决等严重违反法定程序的，裁定撤销原判决，发回原审人民法院重审。一审判决案件被发回重审、生效判决被发回重审的原因之一是程序违法，因此用一审判决案件改判发回重审率（错误）、生效案件改判发回重审率来评估审判公正，事实上就已经包括了对程序公正的评估，从立法规定看，具体内容包括程序的中立性（回避）、程序的公开性、程序的对等性（不能限制或剥夺法定诉讼权利）等。当然，需要指出的是，程序公正乃一种看得见的正义，具体要体现在法官审判过程中的行为表现，而客观指标则很难全面反映。此时，就需要主观指标。

系,主观指标仅有裁判文书评分及公众满意度两项。其中,关于公众满意度指标的设计过于笼统,对于公众满意度指标的赋值仅为效果指标的12%。总而言之,案件质量评估体系中客观指标与主观指标的分配是极为不平衡的。

中国司法综合评价体系则是属于另外一个极端,即大部分的评估指标都是主观指标,仅有少部分是客观指标。这种状况在大部分能够长期持续开展,特别是持续数十年的由外部主体开展的司法评估活动,甚至法治评估活动中多是普遍现象,例如,司法文明指数也是以问卷调查这一主观指标为主;世界正义工程的法治指数同样也是采用问卷调查,以及专家型受访者问卷的方式,包括对民商法、刑事司法等领域的专家学者进行问卷调查。应当承认,以主观指标为主开展评估,并不是因为评估主体的倾向性,而是无奈之举,主要原因在于数据的可获得性差。法治状况、司法质量等客观化评价的相关数据几乎都在政府机关、司法部门的掌控之下,虽然有所公开,例如,法律年鉴统计或者中国裁判文书网,但要么属于法律统计年鉴那种全国性的整体的数据公开,要么是在各级法院向人大做的工作报告中的零散公开,抑或如裁判文书这种非常不全面的公开,导致无法开展有效的客观数据的评估对比。

总而言之,不管是内部司法评估,还是外部司法评估,评估指标的主客观不协调问题都是比较突出的。不过,在当前大数据与人工智能技术在司法领域运用得越来越深入的趋势之下,外部主体可以更多地利用大数据技术进行挖掘和分析,期待未来司法评估在主客观相统一这一科学维度上有所突破。

第三章 司法评估的实践考察

客观而言,司法评估指标体系的设计科学、合理与系统是评估工作有效展开的前提。但更为重要的是,能够促使评估机制真正发挥功用的基本要素则是实践中对评估结果的利用,即利用方式决定着司法评估机制会产生何种实践效果。从根本上讲,一项评估工作的价值必须通过其实用性来判定。就此而言,细致观察和分析实践中法院对于司法评估结果,特别是法院内部主导的案件质量评估结果的利用方式,以及对这种或这些结果的利用给中国司法带来的或好或坏的影响就非常必要。本章中,笔者主要从内部评估和外部评估两个方面分别对司法评估进行考察与分析。就内部评估而言,主要是对法院案件质量评估体系进行历史性的回顾与反思(《人民法院第六个五年改革纲要(2024—2028年)》对其的表述为"审判质量管理指标体系");就外部评估而言,主要是介绍笔者作为主要成员参与的中国司法综合评价的实践状况,并结合切身体验,从外部视角对司法评估机制运行中产生的实践问题进行反思。

第一节　法院案件质量评估的回顾与反思

一、如何评估

对法院案件质量评估体系运作的实践效果进行观察,涉及以什么样的衡量标准及从哪些方面来评估。显然,这需要通过相应的实证材料来分析开展该项工作的目的是否得到实现。从最高人民法院对法院案件质量评估体系的期望看,主要包括提升法院审判执行工作的质量和提高法院的司法公信力两方面,其中,最核心的评估标准是是否提升了人民群众的司法获得感。

二、效果观察

(一)案件质量评估值
1. 案件质量综合指数

根据最高人民法院公布的全国法院司法统计数据,自法院案件质量评估工作试行及正式施行以来,全国法院案件质量综合指数逐年提高(见图 3-1)。[①]

[①] 数据来源:佟季、黄彩相:《2010 年全国法院案件质量评估分析报告》,载《人民司法》2011 年第 13 期;佟季、袁春湘:《全国法院 2011 年案件质量评估情况报告》,载《人民司法》2012 年第 11 期;严戈、袁春湘:《2012 年全国法院案件质量评估分析报告》,载《人民司法》2013 年第 13 期。

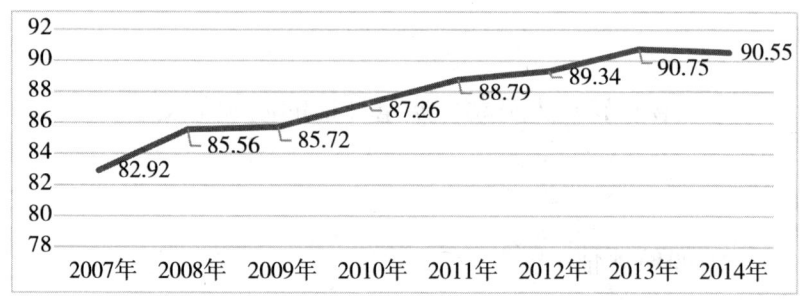

图 3-1　2007—2014 年全国法院案件质量综合指数表①

从公开的数据来看,全国法院案件质量综合指数在 2013 年达到了历史最高值(2014 年出现了微降)。法院案件质量评估结果所呈现的这些数字无疑勾画出了一个尽职尽责、高效且公正运转的法院形象,似乎中国法院提供的司法服务已经达到了一个较高水平。但事实是否如此,仍值得进一步思考。事实上,最高人民法院从 2014 年开始就对案件质量评估体系进行改革,取消了评估结果排名,弱化了考核,除依照法律规定保留审限内结案率等若干必要的约束性指标之外,其他评估指标一律作为统计分析的参考性指标,以及作为分析审判运行态势的参考数据。② 因此,2014 年以后的案件质量综合指数也不再对外公布。或许,最高人民法院也意识到,对案件质量综合指数的数值情况应当客观全面地看待。此外,我们必须注意到,对法院案件质量综合指数的观察很难让我们对司法实践中的法院具体案件质量状况有全面了解,因此,更为重要的做法应当是观察实践中具体的评估指标的评估值。

2. 审判公正指标评估值

审判公正方面,以 2009 年至 2012 年全国法院案件质量评估若干

---

①　参见严戈、袁春湘:《2014 年全国法院案件质量评估分析报告》,载《人民司法》2015 年第 9 期。

②　参见吴仕春:《取消考核排名,实现司法管理新常态》,载《人民法院报》2014 年 12 月 30 日,第 2 版。

公正指标的评估值为例①,其中有显著变化的是一审案件陪审率、二审开庭审理率、申诉听证率,这三项指标分别从 2009 年的 24.92%、23.95% 及 13.48% 上升到 2012 年的 62.22%、58.23% 及 48.74%(见表 3-1)。这似乎表明各级法院高度重视审务公开。

表 3-1　2009—2012 年全国法院案件质量评估若干公正指标的评估值

指标名	评估值			
	2009 年	2010 年	2011 年	2012 年
立案变更率	0.676%	0.584%	0.475%	0.4214%
一审案件陪审率	24.92%	36.44%	46.48%	62.22%
上诉改判率	2.96%	2.75%	2.42%	2.23%
上诉发回重审率	1.67%	1.59%	1.50%	1.35%
生效案件改判率	0.1789%	0.171%	0.143%	0.1115%
生效案件发回重审率	0.0744%	0.081%	0.074%	0.0688%
二审开庭审理率	23.95%	35.21%	48.08%	58.23%
申诉听证率	13.48%	31.44%	38.84%	48.74%
批行中止终结指数	18.53	14.46	10.88	—
司法赔偿率	0.0037%	0.003%	0.004%	—

这样的情况在全国不少地方法院同样存在。例如,有实证研究指出,广西法院案件质量综合指数反映了一审案件陪审率、二审开庭审理率等指标逐年提升,且增长幅度较大。一审案件陪审率 2009 年为 29.15%,2010 年上升到 48.32%,2011 年大幅提升至 81.33%,2012 年

---

① 原始数据来源于《最高人民法院印发关于 2009 年全国法院案件质量情况统计分析的通知》(法〔2010〕213 号)、《最高人民法院印发关于 2010 年全国法院案件质量评估分析报告的通知》(法〔2011〕132 号)、《最高人民法院印发关于全国法院 2011 年案件质量评估情况的通报》(法〔2012〕109 号)。需要指出的是,由于此项针对 30 余个指标所作的综合评估分析工作是最高人民法院近年来才开展的,因此,相关数据采集的时间范围只限于 2009、2010、2011、2012 四个年度,有的数据由于年度分析报告体例的影响(主要是 2011 年修改调整了新的法院案件质量评估体系)而未能采集,标记为"—"(下同)。转引自江西省高级人民法院课题组、张忠厚、卓泽渊:《人民法院司法公信现状的实证研究》,载《中国法学》2014 年第 2 期。

达到最高值 93.32%,2013 年降至 85.61%;二审开庭审理率 2009 年为 14.94%,2010 年提高至 40.19%,2011 年上升至 68.5%,2012 年比 2011 年又提高了 20 多个百分点,达到了 88.56%,2013 年略降至 86.73%。① 笔者调研的 A 省法院也大体呈现类似状况(见表 3-2)。

表 3-2　2012 年 1—6 月 A 省法院公正指标评估值

指标名	整体值	满意值	同期相比
立案变更率	1.99%	3%	-1.26%
一审案件陪审率	45.12%	50%	+6.14%
一审判决案件改判率	1.57%	1.5%	—
一审判决案件发回重审率	0.64%	0.5%	—
二审开庭审理率	62.38%	65%	+24.76%
生效案件改判率	0.65%	0.5%	-0.87%
生效案件发回重审率	0.66%	0.5%	
再审审查询问(听证)率	36.47%	45%	+32.45%
对下级法院案件发改提起再审率	9.64%	10%	—
司法赔偿率	0	0	—

显而易见,在审判公正指标的评估值当中,程序类指标的评估值变化最大。尤其值得关注的是再审审查询问(听证)率,最高人民法院 2011 年修改案件质量评估指标体系时,新增了这一指标并统一在全国法院实施,A 省法院在 2012 年 1—6 月的评估值中就立即从同期的 4.02% 增加到 36.47%。这种强化诉讼程序的质量的状况当然值得肯定,但同时也可能出现形式化主义、走过场的问题,最高人民法院研究室公布的 2012 年全国法院案件质量评估分析报告中也关注到了这种现象。②

---

① 参见秦桂珍:《案件质量评估体系研究——以广西法院的运用实践为视角》,广西师范大学 2016 年硕士学位论文。

② 参见严戈、袁春湘:《2012 年全国法院案件质量评估分析报告》,载《人民司法》2013 年第 13 期。

3. 审判效率指标评估值

中国司法效率之高在世界范围内无疑首屈一指。很大程度上,我们甚至可以说,超高效率的司法正是中国的一大特色。审判效率指标的评估值具有较强的可信度。有论者运用管理学上的信度检验模型进行研究后发现,法院案件质量评估体系中,最具有信度的是审判效率的评估指标。① 这与效率这一概念本身的客观性有关(见表3-3)。

表3-3 2009—2012年全国法院案件质量评估若干效率指标的评估值

指标名	评估值			
	2009年	2010年	2011年	2012年
结案率	92.49%	93.81%	93.78%	—
一审简易程序适用率	64.79%	66.83%	70.12%	71.92%
当庭裁判率	10.56%	17.31%	25.47%	37.51%
正常审限内结案率	98.55%	98.51%	99.01%	99.18%
正常审限内执结率	98.85%	99.14%	99.06%	—
长期超审限未结案数	0.25	0.50	0.28	0.2
长期超执行审限未结案数	4.61	4.28	3.47	—

从2009—2012年全国法院案件质量评估效率指标的评估结果来看,其中具有显著变化的是当庭裁判率。由此而言,在效率指标的体系中,当庭裁判率这一指标最具杠杆作用。就当庭裁判率而言,相关司法解释和意见有一些规定。如《最高人民法院关于适用简易程序审理民事案件的若干规定》第27条规定,适用简易程序审理的民事案件,除人民法院认为不宜当庭宣判的以外,应当当庭宣判。《最高人民

---

① 参见杨易:《人民法院案件质量评估体系优化研究——以QZ基层法院为研究对象》,厦门大学2014年硕士学位论文,第36页。

法院关于加强人民法院审判公开工作的若干意见》也明确要求逐步提高当庭宣判比率。将当庭裁判率和一审简易程序适用率比较考察是非常具有意义的。表3-4是笔者调研的A省法院2012年1—6月当庭裁判率与一审简易程序适用率的比对表：

表3-4 2012年1—6月A省法院当庭裁判率与一审简易程序适用率评估值

地区	评估值		地区	评估值		满意值	
	一审简易程序适用率	当庭裁判率		一审简易程序适用率	当庭裁判率	一审简易程序适用率	当庭裁判率
A1地区	73.72%	89.74%	A13地区	74.83%	64.13%	85%	30%
A2地区	65.24%	66.10%	A14地区	66.62%	81.11%		
A3地区	73.47%	73.23%	A15地区	62.86%	42.90%		
A4地区	74.39%	78.00%	A16地区	76.61%	69.78%		
A5地区	77.92%	80.29%	A17地区	83.43%	62.96%		
A6地区	65.84%	72.35%	A18地区	52.45%	71.55%		
A7地区	83.15%	90.84%	A19地区	42.42%	64.02%		
A8地区	66.56%	64.22%	A20地区	62.78%	63.12%		
A9地区	82.05%	76.00%	A21地区	60.98%	59.65%		
A10地区	72.48%	75.82%	A22地区	28.17%	47.28%		
A11地区	85.00%	80.34%	A省	68.46%	69.83%		
A12地区	75.18%	62.80%					

从A省法院2012年1—6月当庭裁判率与一审简易程序适用率对比来看，当庭裁判率为69.83%，远超30%的满意值，而同期一审简易程序适用率仅为68.46%，不仅未达满意值，甚至还略低于当庭裁判率。这一现象无疑值得思考。假设所有一审简易程序案件均采取当庭裁判的做法，可以发现，1.37%的一审普通程序也采用了当庭裁

判,更何况并非所有一审简易程序都采用当庭裁判。那么,是法官审判能力提高了吗?A省高级人民法院审判管理办公室的一位法官告诉了笔者其间的奥妙:

> 法官审判一个案件一般不会只开一次庭就完事,后面还有开庭宣判,以前我们开庭宣判的时候就仅仅是宣判,但现在由于有当庭裁判率这个指标,于是有些法官就故意在第一次开庭的时候留一个尾巴:比如刑事案件,有些法官就把被告人最后陈述留到下一次开庭,休庭期间查卷宗、讨论、定罪量刑,然后下一次开庭被告人最后陈述完就当庭宣判,这样就可以提高当庭裁判率。

4. 审判效果指标评估值

数据显示,2008年至2012年,全国法院案件一审服判息诉率分别是89.55%、89.05%、89.73%、90.61%及91.23%,整体呈上升趋势。① 《2012年全国法院案件质量评估分析报告》显示,全国法院执行案件的自动履行率下降,强制执行率上升,实际执行率为81.53%,同比提高了3.69个百分点;执行标的到位率为71.53%,同比下降4.73个百分点。② 笔者调研的2012年1—6月A省法院效果类指标的评估值显示,一审服判息诉率达85.77%,调撤率为70.32%,实际执行率为86.51%。总体而言,案件质量评估审判效果方面的指标评估值较高,大部分具体指标评估值同样也较高。

值得注意的是执行标的到位率这一评估指标的评估值,在全国范围内呈现出极为不平衡的状况。③ 同样,在具体的省级区域范围内不

---

① 参见北京市第二中级人民法院课题组、朱江:《提高司法公信力的路径和实现方式研究》,载《法律适用》2014年第8期。
② 参见严戈、袁春湘:《2012年全国法院案件质量评估分析报告》,载《人民司法》2013年第13期。
③ 参见严戈、袁春湘:《2012年全国法院案件质量评估分析报告》,载《人民司法》2013年第13期。

同地区也呈现出显著的差异。通过A省全省2012年1—6月22个地区执行标的到位率情况,即可发现各地法院执行标的到位率相差之大,最高地区达88.58%,最低仅为14.64%(见表3-5)。

表3-5　2012年1—6月A省法院执行标的到位率评估值

地区	评估值	地区	评估值	满意值
A1地区	88.58%	A13地区	45.40%	100%
A2地区	57.02%	A14地区	60.25%	
A3地区	71.16%	A15地区	50.15%	
A4地区	47.40%	A16地区	49.09%	
A5地区	57.65%	A17地区	51.75%	
A6地区	65.26%	A18地区	35.32%	
A7地区	54.06%	A19地区	63.11%	
A8地区	84.20%	A20地区	14.64%	
A9地区	73.29%	A21地区	22.62%	
A10地区	68.94%	A22地区	37.98%	
A11地区	39.34%	A省	54.52%	
A12地区	62.32%			

(二)司法公信力

上文的分析显示,整体而言,全国法院案件质量评估综合指数呈现出不断趋好的态势,各项具体指标的评估值也基本达到满意值。然而,这种指数趋好的样态是否意味着中国司法的品质及公信力真正得到了提升,仍然是有待观察和讨论的。这是因为,评估指标和评估综合指数是显性的,而案件质量却是隐性的、较为难以准确把握的,显性的指数能否全面、客观反映隐性的案件质量显然存在疑问。同时,数据反映的往往只是表面现象,存在虚构的可能性。一般而言,司法公信力是否得到提升最终要通过公众满意度或认同度来衡量。公众对司法机关及司法工作的主观印象和感受,往往对司法公信力有着冲击性的影响。

胡铭于 2008 年展开的一份调查研究显示:67.7% 的被调查者"不大信任"公安司法机关;超过一半的被调查者认为司法"不公正"或"非常不公正";持完全肯定态度的仅占 1.4%。① 当时,公众对司法的信任度并不高,甚至可以说非常低。最高人民法院副院长 2009 年接受记者采访时也曾指出:当前,部分群众对司法的不信任感正在逐渐泛化成普遍社会心理,这是一种极其可怕的现象。② 显而易见,法院的司法公信力不佳是法院长期以来所面临的一个严峻问题。

近年来,随着法院审判执行工作的不断完善,特别是最高人民法院对司法的社会效果高度重视,司法公信力得到了一定程度的提高,但依然存在公信力不足的问题。周赟的调查报告显示,接近 50% 的被调查者认为当前司法公信力得分不超过 60 分,略超过 50% 的被调查者则认为超过 60 分。由此,他得出当下中国司法公信力状况既不甚乐观,但也不必过于悲观的结论。③ 江西省高级人民法院课题组的实证研究则认为,当前我国法院的司法公信力呈现出"案件质量综合指数不断趋好与司法公信力不断趋弱的悖论现象"。从数据分析上看,法院案件质量得到较高提升,但司法公信力并未相应提升,很多表征甚至还呈现出下降态势。这种现象被表述为"人民法院的自我评价与社会评价之间存在差距"④。湖北省高级人民法院课题组、北京市

---

① 参见胡铭:《刑事司法的国民基础之实证研究———项基于城市问卷调查的分析》,载《现代法学》2008 年第 3 期。
② 参见沈德咏:《部分群众对司法不信任渐成普遍社会心理》,载中国新闻网 2013 年 12 月 27 日,http://www.chinanews.com.cn/policy/txt/2009-08/19/content_18362992_2.htm。
③ 参见周赟:《当下中国司法公信力的经验维度——来自司法一线的调研报告》,载《苏州大学学报(法学版)》2014 年第 3 期。
④ 江西省高级人民法院课题组、张忠厚、卓泽渊:《人民法院司法公信现状的实证研究》,载《中国法学》2014 年第 2 期。

第二中级人民法院课题组的研究也都得出类似结论。[①] 事实上,最高人民法院党组在研究建立审判质量管理指标体系的过程中也指出,2011年发布的《人民法院案件质量评估指标体系》在实践中出现了"甚至违背裁判良好效果等情况"[②]。因此,2024年最高人民法院在修改《人民法院审判质量管理指标体系》时,专门强调修改的基本思路和主要内容之一是"坚持以人民为中心,更加聚焦提升人民群众司法获得感、满意度",而且实践中确实也存在片面追求绝对的"低改发率"而"能维持尽量维持",或者为美化诉前调解数据刻意压低收案数量等严重损害当事人诉讼权利的情况。[③]

整体而言,从当前的实践情况来看,最高人民法院建构的这一套案件质量评估体系的实践运行能否达到有效提高司法公信力的功效还有待进一步观察,特别是在当前"案多人少"矛盾极其突出的情况下,从提升人民群众的司法获得感角度看,似乎并不理想。

三、法院/法官应对案件质量评估的策略

从积极方面来看,法院案件质量评估机制特别是案件质量评估结果被用作绩效考核的依据,确实一定程度上使得法院与法官的行为更为规范,更为合乎法律之规定。但与此同时,这种做法也产生了不少问题。实践中,为了应对基于案件质量评估下严格绩效考核特别是

[①] 参见湖北省高级人民法院课题组:《法院司法公信力问题研究》,载《法律适用》2014年第12期;北京市第二中级人民法院课题组、朱江:《提高司法公信力的路径和实现方式研究》,载《法律适用》2014年第8期。

[②] 白龙飞:《最高法党组研究建立审判质量管理指标体系》,载《人民法院报》2023年6月21日,第1版。

[③] 参见王丽丽:《把符合司法规律的审判管理做优,把为基层减负做实——最高人民法院审管办负责人就〈人民法院审判质量管理指标体系〉修订情况答记者问》,载《人民法院报》2024年9月30日,第2版。

"排名排序"的做法,不少地方法院奉行"唯 GDP 主义",一切向数据看,形成一种法院"数字化生存"的现象。2023 年 6 月 20 日,最高人民法院党组在召开会议研究建立审判质量管理指标体系的过程中也明确指出"实践中出现了脱离实际盲目追求高数值、违背司法规律层层加码"的现象。① 2024 年 9 月,最高人民法院审管办负责人就《人民法院审判质量管理指标体系》修订情况答记者问时也指出,在调研中发现,一些地方法院在运用指标体系过程中,仍然存在变形走样、背离规律的现象,增加了基层负担。例如,有的法院抱持"唯数据论"的错误政绩观,将抓指标等同于抓工作,额外增加不科学、不必要的指标,把指标任务层层摊派、逐级加码,令一线法官不堪重负、无所适从。又如,有的高级人民法院、中级人民法院热衷于对辖区法院张榜排名,甚至在已进入合理区间的情况下仍通报名次,导致基层跟风攀比,为名次所累。② 为使数据"好看",法院和法官在实践中可能会运用各种合法的或不合法的策略进行"美化"。大致而言,可分为以下两个方面。

(一)技术性处理

所谓技术性处理,是指通过一些合法或不合法的方式,对法院正在处理的或者要处理的案件做技术性改变,导致数据异化、数据失真。"技术性处理"是笔者在调研访谈中听到的最为普遍的一种官方性表述。就其具体内容而言,司法评估中的数据失真一般包括两种类型:一是司法评估基础性数据在提取过程中出现差错,从而导致数据失真,这种类型的数据失真并非人为恶意所为;二是为应对案件质量评

---

① 参见白龙飞:《最高法党组研究建立审判质量管理指标体系》,载《人民法院报》2023 年 6 月 21 日,第 1 版。

② 参见王丽丽:《把符合司法规律的审判管理做优,把为基层减负做实——最高人民法院审管办负责人就〈人民法院审判质量管理指标体系〉修订情况答记者问》,载《人民法院报》2024 年 9 月 30 日,第 2 版。

估特别是严格绩效考核的做法,人为地进行技术性处理,从而出现数据造假。从现实情况看,这两种情形都难以完全避免。当然,后一种类型值得重点关注。

需要指出的是,由于司法评估采取的是一种数字化的统计,特别注重比例性数据。因此,提高某一指标的评估值,一般可以从两个方面着手:一是做大分子,提高比率;二是做大分母,降低比率。实践中,法院的技术性处理方式其实大多从上述两方面展开。

其一,技术性处理"做大分子,提高比率"。做大分子本身不属于一个问题,而且,从逻辑上而言,司法评估与绩效考核的基本功能本身就在于激励法院和法官最大限度地做大分子。只不过,实践中不少法院采取了不适当的技术性处理方式来做大分子,导致数据失真。当然,这也是司法评估激励功能必须面对的现实。

以"调解率"为例,在中国,调解的具体方式分为人民调解和司法调解两种,两者由不同主体所主导,同时通过法院指导人民调解特别是以司法确认的方式相勾连。为了达到提高调解率的目标,法院有时就会借用人民调解员调解案件,甚至直接将人民调解的案件经过技术处理纳入司法调解。比如 A1 中级人民法院一位法官在私下就曾对笔者提到他所了解的情况:

> 其实调解率的水分大得很!调解要花费很长的时间,有时候还费力不讨好。基层法院的法官案子很多,忙不过来,为应对调解率的要求,有时候就把简单的案子交给关系比较好的人民调解员帮忙办理。

关于调解数据造假的情况,还有一种方式是直接将以人民调解结案的案件通过转为立案调解的方式来提高调解率。比如,调查者发现,实践中,有些法官在处理人民调解司法确认时,有时候会不把人民调解委员会的调解结果做成司法确认,而是转成法院的"立案调解",收取 50 元立案费,就可以计入"调解率"。① 显而易见,这种做法实际上是基于"做大分子,提高比率"的策略展开的。②

其二,技术性处理"做大分母,降低比率"。所谓做大分母,一般而言可以理解为挖掘办案潜力,想方设法增加收结案数。③ 在对分子不会产生显著影响和变化的前提下,尽可能做大分母是非常有好处的,甚至某种程度上可以实现数据的全线飘红。一些关键性的核心指标,如生效案件改判发回重审率、一审服判息诉率、一审判决案件改判发回重审率(错误)等,一般而言只要想方设法增加收结案数,就可以提高评估值。正因如此,有的地方法院就会鼓励这种做法,比如笔者调研的 A 省高级人民法院下辖的 A2 中级人民法院的一份内部指导意见明确指出:

> 收案较多的法院可以进一步挖掘办案潜力,在办好案件的基础上多办案,多调解,适当增加一审判决结案数,从而降低指标值,提高指标评估值。

做大分母也不一定成为问题。比如,法院通过正常努力工作的方式提高结案数量,这本身也是司法评估激励功能的体现。做大分母成为一个问题,主要是法院或法官采取了不合理技术性处理方式。最为明显的例子就是将共同诉讼案件按照被告人数拆分成若干案件,尤其是将比较简单,不易出现上诉、申诉(即影响分子变化)的共同诉讼案件进行拆分。事实上最高人民法院也已注意到了这一现象。④

---

① 参见叶竹盛:《法院:"数字化生存"的逻辑与异化》,载《南风窗》2013 年第 1 期。
② 比如,某基层法院可调解结案件(包括刑事自诉、刑事附带民事、民事行政赔偿等)年度正常结案 1000 件,其中调解结案 500 件,此时调解率为 50%。但若通过进行技术性处理的方式,增加借用人民调解的 200 件,则其调解率可以上升到 58.3%。
③ 需要指出的是,在法院案件质量评估指标体系的计量化统计中,结案数既可作分母,亦可作分子,影响着众多指标评估值的高低,因此,提高结案数对于指标评估值的意义是特别明显的。这在某种程度上也正是法院如此注重结案数的原因。
④ 参见严戈、袁春湘:《2012 年全国法院案件质量评估分析报告》,载《人民司法》2013 年第 13 期。

(二)选择性司法

所谓选择性司法,在本文的探讨范畴内是指法院基于应对案件质量评估特别是其全面、严格的绩效考核控制的考虑,对应当立案受理的案件不立案、不受理,或者暂时不立案、不受理的一种现象。因此,在此意义上,这一现象又可称为"选择性不司法"。从当事人角度来看,这种现象意味着"起诉难""立案难"。对于选择性司法现象,有一些研究者作了总结。① 需要注意的是,虽然都是指向法院权力滥用这一现象与问题,但本文的"选择性司法/不司法"的概念所指与学界一些研究者将"选择性司法"界定为法院针对同一类型行为却给出不同性质认定的做法有明显区别。具体而言,本书所指的选择性司法/不司法主要包括两种类型。

一是对象的选择性司法/不司法。这主要是指针对一些可能会出现质量风险(如很可能引发上诉、发回重审、难以执行乃至涉诉信访)的敏感案件或棘手案件,法院从一开始就采取各种策略方式不立案,不受理;也有的是因为"案多人少"的矛盾突出,从而限制立案或"久拖不立"。广西壮族自治区高级人民法院一份关于几类案件暂不受理的官方通知对"选择性不司法"作了精辟概括:近来发现一些法院受理了一些涉及面广、敏感性强、社会关注,本应由政府及其他有关部门处理的案件。这些案件受理后,有的因种种原因长期不能审结;有的审结后因债务人无财产可供执行致使矛盾激化,引发群体事件,影响了社会稳定和人民法院公正执法形象。② 可以说,法院针对这些类型案件的"选择性不司法"是一种制度经济学上的制度安排,已经成为

---

① 有关"选择性司法"的界定,可参见汪燕:《从选择性司法谈司法公信力的建设》,载《湖北社会科学》2009 年第 12 期;凌潇:《论环境侵权审判中的选择性司法行为》,载《华中科技大学学报(社会科学版)》2012 年第 5 期。

② 参见《广西壮族自治区高级人民法院关于当前暂不受理几类案件的通知》(桂高法〔2003〕180 号)文件第 1 条。

一种司法潜规则。① 当然,这种"选择性不司法"是否由司法评估特别是严格的绩效考核所致,以及二者之间相关性程度如何,仍然是值得讨论的。笔者曾在访谈时专门问及"法院会不会因为担心考核而不立案?"b1 基层人民法院的一位法官说道:

> 我们有时候案子实在是太多了,处理不过来,就可能往后拖一拖,暂时不予立案,也有一些敏感案件可能存在不立案、不受理的情况,但一般是因为案件特殊,我们不可能直接因为担心审判质效考核而不受理案件。当然,如果真的受理这些案件的话,确实会存在质量不高的风险,比如引发上访等。

需要指出,2015 年 4 月,中央全面深化改革领导小组第十一次会议审议通过《关于人民法院推行立案登记制改革的意见》以改革法院目前的案件受理制度,变立案审查制为立案登记制,力图更为充分地保障当事人诉权。这一改革举措具有重要意义,可以一定程度上解决"立案难"或"起诉难"问题。比如以前法院经常采取的口头告知不受理、让对方留下材料等通知的"土办法"就行不通了。② 但是,这一改革举措究竟会不会彻底解决"立案难"或"起诉难"的问题,还有待进一步观察。从逻辑层面来看,法院不立案、不受理有基于现实语境的利益考量,如果这些利益考量未来仍然存在,法院是否会选择其他方式规避亦未可知。

二是时间上的选择性司法/不司法。这主要是指为应对结案率的考核,法院选择年底不立案。年底不立案这个问题由来已久,几乎通行于全国各地法院,已经成为中国法院司法的一个顽疾。最高人民法院 2008 年试行的法院案件质量评估体系中,结案率乃作为评估审判

---

① 参见张卫平:《起诉难:一个中国问题的思索》,载《法学研究》2009 年第 6 期。
② 参见《"告了 10 年,这次法院终于收下材料"——立案登记制后,对敏感案件不能再以"土政策"口头告知不受理》,载《南方都市报》2015 年 5 月 5 日,第 6 版。

效率的一项重要指标。此后,考核结案率所导致的年底不立案问题实在过于严重,并屡次被媒体报道,引起了社会的广泛关注。最高人民法院于是在 2011 年正式施行的法院案件质量评估指标体系中,以审限内结案率替代了结案率。在 2023 年最高人民法院研究建立的审判质量管理指标体系中,以案件比、审限内结案率、超 12 个月未结案件等系统化的指标对法官办理案件情况,特别是结案情况进行了更科学的评估,在提升人民群众司法获得感方面,也起到了十分重要的导向性、督促性作用。① 这种做法显然值得肯定。但现实的需要往往要比理论的逻辑更重要。实践中对结案率的要求仍然隐性存在。例如,b1 基层人民法院审判管理办公室主任接受访谈时谈道:

> 对于结案率,最高院已经淡化了,现在省高院也不把它纳入核心考核指标,只是参阅考核指标。但是现在我们还面临一个问题,因为每年人大会议期间,中院还要做工作报告,以前每年都提结案率是多少,现在突然不提了,这样也不行,人大代表会觉得很奇怪。所以现在开始慢慢降,比如说去年的结案率是 95%,今年就下降一点,明年再下降一点,降得太多,在人大代表那里很难通过,这是一个现实问题。

同样,基于结案率考虑的时间上的"选择性不司法"也还是在一定程度上存在。前述 b1 基层人民法院审管办主任就谈道:

> 当事人年底来起诉的,我们一般还是会劝退,实在不行就做技术处理,比如立到下一年的案件中去。因为我们院长很反感年底不立案的情况,所以都立案,只是立到下一年。立案的时候立到我们法院自己的系统,不列正式的案号,弄一个预收的案号。

---

① 参见王丽丽:《把符合司法规律的审判管理做优,把为基层减负做实——最高人民法院审管办负责人就〈人民法院审判质量管理指标体系〉修订情况答记者问》,载《人民法院报》2024 年 9 月 30 日,第 2 版。

最后案号会改,给当事人一个通知,说案号改成什么案号。

事实上,自 2013 年党的十八届三中全会提出深化司法体制改革,以及员额制、立案登记制等具体改革举措落实在法律法规等规范性文件中后,"案多人少"的突出矛盾一直都持续存在,甚至有愈发强烈之势。为了应对这一矛盾,不少法院在很大程度上不得不采取一些变通的做法,并且一些做法具有一定的普遍性,例如,在当事人申请立案时,强制性地进行诉前调解。这种做法也在一定程度上受到法院案件质量评估指标体系和审判质量管理指标体系的影响,例如,最高人民法院审判管理办公室负责人在答记者问时就指出,部分法院为了追求诉前调解成功分流率和诉前调解案件申请执行率"达标",存在在诉前阶段强推调解、不及时立案的行为。[①] 实际上,这种不立案在很大程度上不仅是受诉前调解成功分流率和诉前调解案件申请执行率的影响,审限内结案率等指标也在起着实质性影响。这是因为,法官的工作时间和精力毕竟是有限的,如果不控制立案数量,导致大量案件进入,超出法官工作时间、精力所能承载的限度,则必然会影响到所有案件在审限内正常结案。

第二节 司法综合评估运行状况的实践考察

一、评估过程

笔者作为核心成员参与了广州大学公法研究中心团队开展的中

[①] 参见王丽丽:《把符合司法规律的审判管理做优,把为基层减负做实——最高人民法院审管办负责人就〈人民法院审判质量管理指标体系〉修订情况答记者问》,载《人民法院报》2024 年 9 月 30 日,第 2 版。

国司法综合评价项目。本次中国司法综合评价项目的评估对象为广东省21个地级市。项目组从2016年12月开始展开相关前期准备工作，并在东莞市、湛江市及惠州市等多个地区进行了多轮预评估，通过对预评估结果的分析，再次修改调整了中国司法综合评价指标体系，进一步完善相关调查问卷的题目设计及具体数据的客观指标。项目组从2017年3月开始收集相关资料，2017年5月完成数据统计及分析，形成了中国司法综合指数测试版报告。此次评估收集的数据主要包括广东省21个地级市的两级法院、检察院可公开的审判管理、案件管理的客观数据与主观问卷调查的数据两个部分。

需要重点介绍的是主观问卷调查的抽样、数据采集等调查情况。此次主观问卷调查的对象主要分为法律职业群体与非法律职业群体。其中，对法律职业群体的调查，由广州大学公法研究中心中国司法改革评价研究创新团队成员每人负责1—2个地区，以网络问卷调查方式为主，同时在部分地区采用实地发放问卷的方式收集数据。而对非法律职业群体的调查，则委托在国内社会调查领域居于领先地位的零点研究咨询集团下属的广州有数数字科技有限公司开展。

(一)各地区调查问卷回收情况及抽样说明

此次问卷调查，法律职业群体调查回收有效调查问卷2502份；非法律职业群体回收有效调查问卷1301份，总计3803份。具体来看，广东省21个地级市各地区回收的问卷数量存在较大差异，如经济水平较高的广州市法律职业群体回收有效问卷452份，比数量最少的湛江市多了四百余份。具体情况如图3-2、图3-3所示。

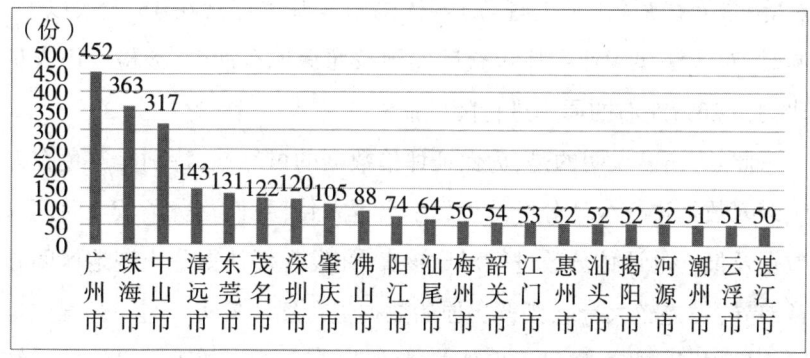

图 3-2 广东省各地区回收法律职业群体调查问卷数量

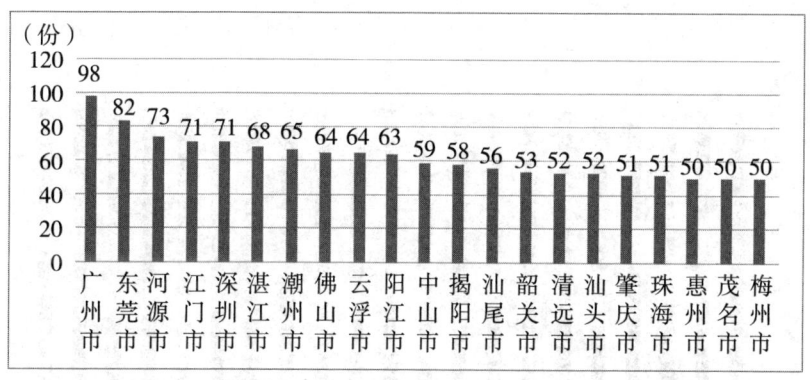

图 3-3 广东省各地区回收非法律职业群体调查问卷数量

需要指出的是,为保证此次评估数据及评估报告的可靠性、可信度,我们针对性回收的法律职业群体问卷以及非法律职业群体问卷,主要是总数超过 50 份的地区(例如,广州市、珠海市、中山市等法律职业群体回收有效问卷超过 300 份的地区,以及清远市、东莞市、茂名市、深圳市、肇庆市等法律职业群体回收有效问卷超过 100 份的地区),按照科学的方式再进行一次抽样,对两个群体各选择 50 份、总计 100 份问卷进行统计分析,最终用于数据分析的问卷数量为 2100 份。在抽样的过程中,对于法律职业群体,我们考虑了各具体群体数量的均衡度,保证法官(法官助理、书记员等)、检察官(检察官助理、书记员等)以及律师(律师助理等)群体的数量基本保持在15人或以上。同时,对非法律职业群体调查问卷则按照保证有涉诉、涉检经历人员比例在20%左右的原则进行随机抽样。

此外,还需说明的是,为保证评估数据的可靠性,特别是避免在人工录入数据进行统计分析的过程中出现差错,我们花费了较长时间对数据及最终的评估分数进行对比核实,在发现评估得分出现地区间异常差异(偏差较大)时,则调出原始数据进行逐一核实。这一过程中也确实发现了一些数据录入出现差错的情况,并予以纠正。最终抽样结果及各群体比例,如图3-4所示。

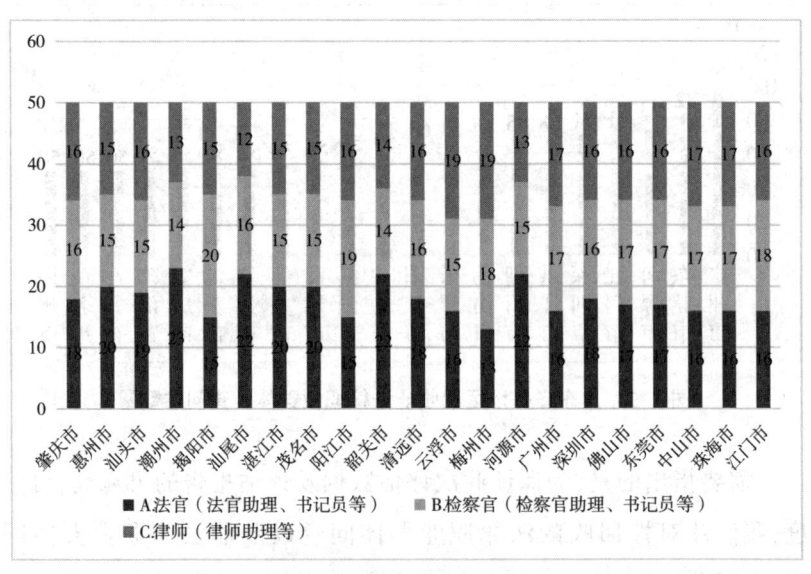

图3-4 抽样后法律职业群体具体数量分布

(二)抽样后各受访群体的具体情况说明

1. 法律职业群体问卷调查各职业人数具体比例

抽样后的法律职业受访群体在具体职业分布上比较均衡,分别为:法官(法官助理、书记员等)人数比例为31%;检察官(检察官助理、书记员等)人数比例为33%;律师(律师助理等)人数比例为36%(见图3-5)。

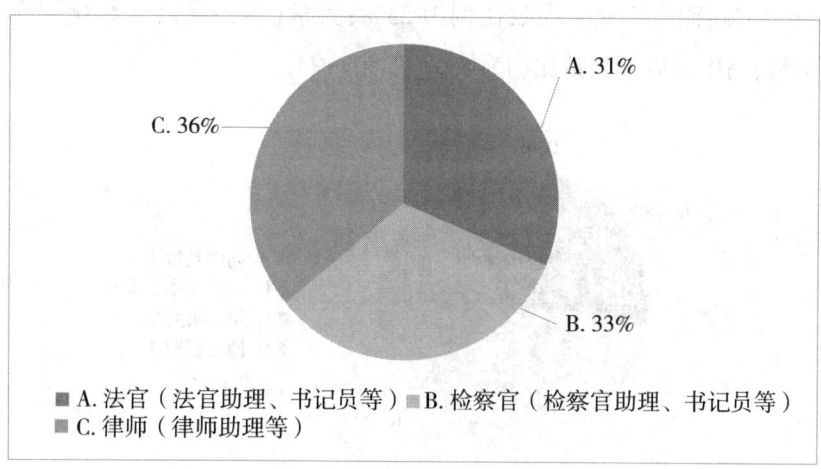

图3-5 法律职业群体问卷调查各群体比例统计

2. 法律职业受访群体从业时间

抽样后的法律职业受访群体在从业时间上的分布比较均衡。从业时间情况分别为:10年以上人数比例为30%;5—10年人数比例31%,5年以下的人数比例为39%(见图3-6)。

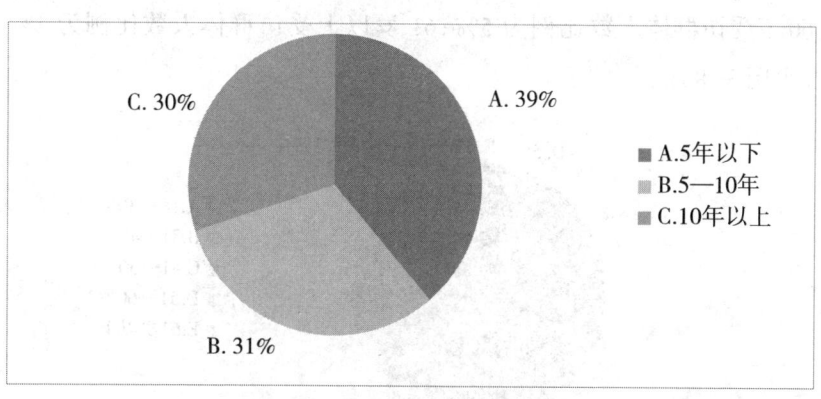

图3-6 法律职业受访群体从业时间统计

3. 受访群体教育程度

抽样之后受访群体的总体教育程度情况如下:博士研究生人数比例为 4%;硕士研究生人数比例为 23%;大学(本、专科)人数比例为 65%;高中及以下人数比例为 8%(见图 3-7)。

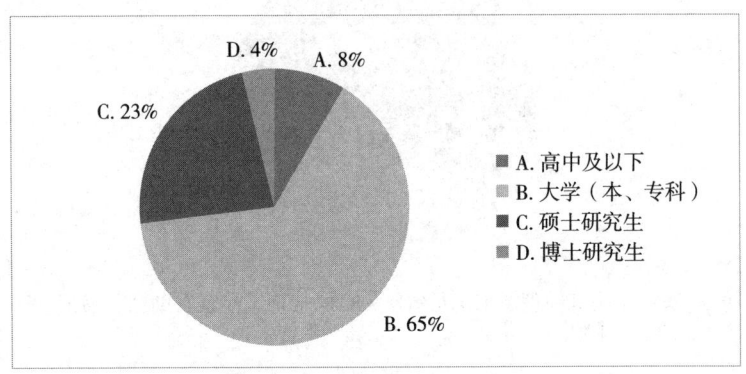

图 3-7　受访群体教育程度统计

4. 受访群体年龄情况

抽样之后的受访群体的年龄结构也比较合理,各年龄段人士较为均衡。具体情况如下:18—30 岁受访群体人数比例为 40%;31—40 岁受访群体人数比例为 36%;41—50 岁受访群体人数比例为 18%;51—60 岁受访群体人数比例为 5%;61 岁以上受访群体人数比例为 1%(见图 3-8)。

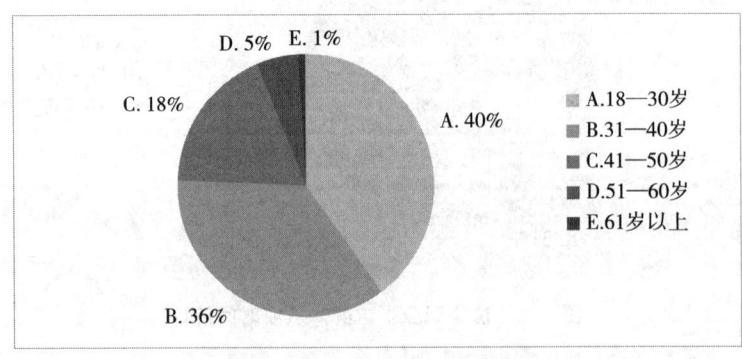

图 3-8　受访群体年龄统计

5. 非法律职业受访群体涉司法经历情况

抽样后,非法律职业受访群体中作为当事人参与过司法的人数比例为8%,作为其他诉讼参加人参与过司法的人数比例为10%;没有涉司法经历的人数比例为82%。整体而言,非法律职业受访群体中有过涉司法经历的人数比例接近20%,基本实现了我们的初步设想。具体如图3-9所示。

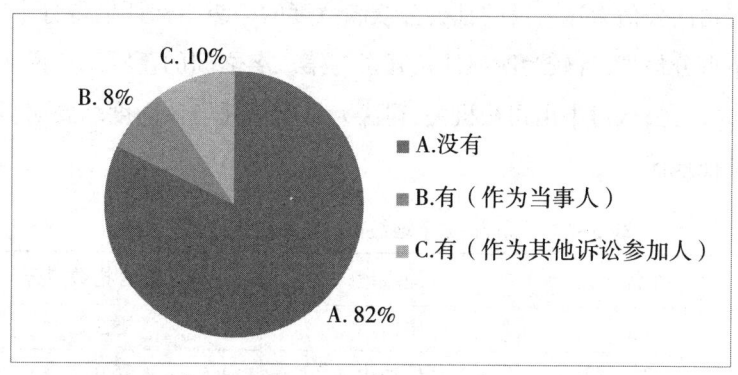

图3-9 非法律职业受访群体涉司法经历情况统计

二、评估结论

(一)各地区司法综合指数得分排名

通过前述主观调查数据、客观数据的分数转换,并经过加权后计算,我们最终形成了广东省21个地级市的司法综合指数得分(如表3-6所示)。其中,中山市、广州市、珠海市、佛山市、深圳市居于指数得分排名的前5位。21个地级市司法综合指数得分的平均值约为71.9。从地区对比来看,各地级市之间存在着一些差异,但这种差异也并非特别大,司法综合指数得分最高的中山市与最低的河源市之间的差距为6.9分。相比于某些一级指标的地区差异(如一级指标1得分最高的地级市与得分最低的地级市之间相差13.6分)而言,21个地级市的司法综合指数得分的地区差异显然要小一些。我们认为,中山市能够在广东省21个地级市的司法综合指数得分排名中位居首位,某种程度上与其经济发展水平在全省排名前列,包括其社会治安状况较好有一定的关联性。特别是截至2017年,中山市六次获评"全国社会治安综合治理优秀市"、四次捧得"长安杯"等。① 正因如此,在司法权威与司法公信力这一反映社会公众满意度的一级指标评估得分中,中山市得分最高,且较为明显地拉开了与第二名之间的差距。这说明中山市社会公众对中山司法机关、司法人员的信任与认同度均要明显高于其他地区。

表3-6 广东省21个地级市司法综合指数得分排名

排名	地级市	司法综合指数得分
1	中山市	75.3
2	广州市	75.0
3	珠海市	74.8
4	佛山市	73.9
5	深圳市	73.9
6	惠州市	73.4
7	肇庆市	73.1
8	东莞市	73.0
9	云浮市	72.9
10	江门市	72.7
11	梅州市	72.4
12	韶关市	72.3
13	清远市	71.5

---

① 参见《中山又夺全国大奖!综治"六连冠",四捧"长安杯"》,载南方网2017年9月20日,https://static.nfapp.southcn.com/content/201709/20/c687450.html。

(续表)

排名	地级市	司法综合指数得分
14	潮州市	70.6
15	阳江市	70.0
16	湛江市	69.7
17	茂名市	69.7
18	汕头市	69.3
19	汕尾市	68.7
20	揭阳市	68.7
21	河源市	68.4

(二)各一级指标评估结果

1. 司法制度与职权配置

一级指标1涉及司法制度的构建与完善、司法职权的优化配置及其落实等。其中,关于人财物管理制度的构建、完善,受访群体着重关注当前统管模式及其具体运作。不少受访者指出,目前人财物虽然形式上为省级统管,但实际上在某些地区仍然是分头管理的形式,此种形式某种程度上其实呈现为"不咸不淡"、相互扯皮的状况。显而易见,分头管理的模式需要摒弃,应当彻底实行省级统管,全面落实人财物省级统一管理制度,乃至于在条件可能的情况下实现中央财政统管,完全实现去地方化。针对审判(检察)职权配置的落实机制,受访者主要关注审判独立性问题,特别是合议庭、独任法官的独立性不够,裁判文书签发审批权没有完全下放,部分案件仍是领导审批,笔者建议全面下放审批权。对于司法机关内设机构改革的问题要继续推进,不少受访群体建议废除审判委员会和业务部门副庭长、副科长的设置,减少管理层级。

2. 司法人员管理与职业化

此次调查过程中,一级指标2司法人员管理及职业化建设是法律职业群体关注最多,也是反映问题最多的一级指标。具体包括以下几个重要内容。

其一,对于人员分类管理是否合理,受访群体有两种代表性意见。一种观点认为,人员分类管理更为科学、合理;另一种观点则认为,分类管理的负面影响很大,内部不公或者矛盾凸显,人为造成同事之间的对立,对于消极抵制的情况缺乏应对措施。此外,关于人员分类管理,受访群体表示,实际操作过程中存在分类界限不明、权责与职位不对应的问题,入额法官、检察官在办案量等责任上,不同部门差别很大。

其二,法官、检察官的遴选与任命特别是法院院长、检察长的任命,对法律专业素养与背景关注不够。有受访者反映,目前实践中仍然存在将无法律学术背景、实践经验的行政官员任命为法院、检察院领导的情况。同时,法官、检察官任命论资排辈现象仍然比较严重,不少人缺乏基本的法治观念。建议明确规定,法官、检察官应该从有不少于5年法律职业从业经历的优秀人员中遴选。

其三,法官、检察官员额制改革带来的问题。一是员额制比例未能充分考虑地区案件数量。部分法院因案件数量大,人员编制固定导致案件无法及时处理。建议在人员编制上对该类地区予以适当倾斜。二是员额制某种程度上扼杀了青年司法工作者的热情。例如,部分受访者指出,一些检察机关公诉部门人员拼命挤向自侦部门,期望改革后调往监察委员会,这与难以入额具有一定的相关性。

其四,审判辅助人员队伍建设问题。不少受访者明确指出,目前审判辅助人员严重不足,没有形成专业化的队伍,同时司法辅助人员的流动性较大,聘用制书记员积极性不高,没有制度及财力上的保障,导致司法辅助人员的职业认同感较低。

3. 司法经费与装备保障

关于司法经费保障,大部分的受访者均表示,司法改革后,司法经费确实比以前更有保障,但也存在一些问题。一是关于一些具体的经费保障的操作流程,省级部门很多未形成书面文件,需要进一步细化。二是省级统管后的同级地方财政经费保障不力,法院和检察院由省里统管后,地方政府财政不再保障司法经费,司法人员退休晋升等各方面工作均遇到地方政府不理会、不配合的情形。因此,需要进一步理清同级地方政府在司法经费保障上的职责问题。当然,经费不足问题在某些地区仍然存在,不少受访者表示应当加强对贫困地区法院、检察院司法经费和装备的保障,特别是待遇和信息化建设方面的保障。另外,司法辅助人员的经费不足,人员流失严重。这正是不少经济欠发达地区无法实现"法官+法官助理+书记员"这一"1+1+1"审判团队配置模式的重要原因。

4. 人权司法保障与司法文明

我们的调查发现,关于人权司法保障问题,法律职业群体与非法律职业群体之间的看法仍然存在较大差异。法律职业群体一般都赞同人权司法保障观念,同时,司法实践中各个司法主体对权利保护力度不够,不够重视律师的作用,人权司法难以从根本改善。而非法律职业群体的访谈中,不少受访群体仍然表示,我们当前受西方人权观念影响,重视犯罪嫌疑人和被告人的权利保障,但轻视被害人的合法权益。更有甚者,有部分受访者认为,当前司法实践中的做法,被告人的权利保护不是不足,而是过度,不能过于强调被告人的权利保护,更应该考虑受害者的权益保护,受害者的保护更能彰显社会的公正和人权保护。

5. 司法责任制与监督司法机制

调查发现,关于司法责任制与监督机制司法,受访者集中指出的问题与关注的重点在于以下几个方面:一是对法官免责事由没有严格、明确的规定,责任的追究没有真正做到有法可依。二是没有为司法责任制、司法责任的承担建立良好的外部制度。责任制的前提是法官真正对自己的行为负责,如果无法建立良好的外部制度,只会适得其反。三是推行司法责任制的福利待遇保障等未能落实。只强调责任，却未能落实福利待遇保障，相当于要马儿跑，又不让马儿吃草，难以实现司法责任制的功能与目的。当前财政管理过于严谨，过于依附地方，虽然省管能够保障法院福利，但未落到实处，而所谓福利也跟不上时代的发展。四是加强错案追究制，要及时，至少申诉审查制度要有改变。

而在监督司法机制中，集中关注的问题是审判权运行过程的监督，不少受访者指出要加强对审判权运行过程的监督，特别是要加强人民陪审员的权力与责任，改变二审、审监、监察的"稻草人"形象，诚心接受媒体等社会监督，把审判权关进制度的笼子。

6. 司法程序与裁判

根据受访者的回答，关于司法程序与裁判的问题集中体现在以下几个方面：一是法律适用不统一。例如，不少受访者认为，法官生硬套用、惯性思维强、审查不够细致，没有根据个案的不同情况进行调整的现象比较普遍，不同基层法院对同一法律问题处理结果不同。二是各级各地法院的细则程序各不相同，立案、文书送达、财产保全、证据保全、执行未做到流畅统一运作，应加大力度协调，并注意标准统一。三是就刑事审判而言，法院要坚持以审判为中心，坚决摒弃以侦查为中心构陷被告人。而适应简易程序审理的刑事案件，应当当庭宣判，提高诉讼效率。四是审判流程的公开度不够，尤其是法院内部对案件的交接管理流程应当适当公开，避免案件有时无法找到经办人的短暂尴尬。五是裁判文书说理仍然非常不足，裁判文书中经常出现"司法实践认为""法院认为""根据习惯"等概括性语言，少有引经据典及对实例、法理、判例的说明。

7. 司法权威与司法公信力

关于司法权威与司法公信力，也有不少受访者表示，司法权威尚未完全树立，司法公信力不足。关于司法权威受损、司法公信力不足的原因及如何提高,主要在于以下几个方面。一是法院生效民事裁判执行成功率低,严重影响了司法权威。裁判白条多,执行难,且诉讼费不及时退还,造成公民依法维权欲望不高,往往采取其他手段维权。因此,提高司法公信力,如何有效解决执行问题是重点。二是案外因素、领导干部权力干预较多,司法独立性与公正性不够,严重影响了司法权威与司法公信力。如何减少案外因素的干预是提高司法公信力的关键。三是法院在整个司法体制中的地位、在公众心目中的地位也影响着其司法权威。因此,需要提高法院地位,进一步提倡法律至上的观念,信仰法律比适用法律更能树立法律威严。四是法官对职业的认同与尊荣感。树立司法公信力的重要保障源自法官对职业的荣誉感,以及公正和独立之心。对外界干扰的摒除。

三、评估审思

笔者作为核心成员深度参与了中国司法综合评价项目从指标体系设计与论证到评估具体实施的全过程,也深刻体会到对司法改革、法院案件质量展开外部评估的过程着实不易。通过对法院内部开展的案件质量评估指标体系及改革后的审判质量管理指标体系进行对比,可以发现,司法外部评估存在着一些值得关注的问题。

其一,司法评估具有"体检表"与"风向标"两种不同的功能期许,两种功能的有效融合是司法评估的理想状态,但实践中,司法内部评估和外部评估在功能期许上的作用明显不同,且分别出现了相应的问题。

虽然最高人民法院在2014年取消考核排名后,案件质量评估的结果更多被强调是作为审判工作统计分析的参考,或者是"将审判质量管理指标体系作为案件质效的'体检表'"①,但事实上在实践运行过程中,其"风向标"的作用始终存在,甚至在很大程度上还超过了"体检表",即法院内部的案件质量评估活动最终在很大程度上还是会演变为一种或多或少的"绩效考核",并推动着被评估法院的政绩活动。这也是为什么最高人民法院在修改审判质量管理指标体系过程中反复强调要防止"唯数据论""造数据"、盲目追高②,并着重指出在调研中发现,有的法院抱持"唯数据论"的错误政绩观,将抓指标等同于抓工作,额外增加不科学、不必要的指标,把指标任务层层摊派、逐级加码,令一线法官不堪重负、无所适从。③

  司法外部评估则更多作为"体检表"的角色,这可以从司法外部评估报告更多的是通过评估发现问题、总结问题并进一步提出完善对策的实际状况获得验证。需要注意的是,司法外部评估并不是不能发挥"风向标"的作用,一些具有较高公信力和认可度的外部评估实际上也在很大程度上形成了一种导向,甚至相关评估结果被当作重要的"政绩"予以宣传。例如,2025年4月27日,中国社会科学院法学研究所、社会科学文献出版社在北京联合主办2025年法治蓝皮书发布会,发布了《中国司法透明度报告(2024)》。报告显示,广州市中级人民法院连续十年在这一领域排名全国中级法院第一。这一结果发布后,广州市中级人民法院在其官方微信公众号第一时间发布头条报道《十连冠!广州市中级人民法院连续十年排名第一》④,并详细介绍了该院

---

  ① 参见王丽丽:《把符合司法规律的审判管理做优,把为基层减负做实——最高人民法院审管办负责人就〈人民法院审判质量管理指标体系〉修订情况答记者问》,载《人民法院报》2024年9月30日,第2版。

  ② 参见白龙飞:《最高法党组研究建立审判质量管理指标体系》,载《人民法院报》2023年6月21日,第1版。

  ③ 参见王丽丽:《把符合司法规律的审判管理做优,把为基层减负做实——最高人民法院审管办负责人就〈人民法院审判质量管理指标体系〉修订情况答记者问》,载《人民法院报》2024年9月30日,第2版。

  ④ 参见《十连冠!广州市中级人民法院连续十年排名第一》,载"广州市中级人民法院"微信公众号,2025年4月27日。

的具体做法。当然,从总体上来看,司法外部评估的"风向标"的作用还是比较弱的,几乎难以对司法改革、司法实践活动产生实质性影响。这在很大程度上也可以视为司法外部评估的一大不足。

其二,司法外部评估在实施过程中遭遇了"理想很丰满、现实很骨感"的困境。从理想层面上来讲,对于这种由相关领域的专家学者团队组织开展的第三方司法评估,大众一般对其抱持着高度肯定态度和相当程度的功能期许,这不仅在于评估主体的高度中立性,更在于相关领域的专家学者更可以从体系化、科学化的角度针对评估指标体系进行设计,更为准确和客观地反映司法的实际运行状况和效果。但是从现实层面来看,司法评估活动的展开受到资金、人力、物力、数据可获得性等各方面现实因素的深刻制约,一方面,即使不向评估法院收集客观数据,只是向法官、检察官、律师等法律职业群体开展主观问卷调查,且数量都不大的情况下,数据也难以获取;另一方面,司法评估活动需要大量的研究经费,而文科学术性的研究项目经费有限,一般研究团队可能难以长期为继。正因如此,笔者所参与的中国司法综合评价项目仅开展了一次评估,发布了一次测试版结果,之后就再无相关评估活动。当然,也有一些项目做得比较好,例如,中国政法大学张保生教授团队开展的中国司法文明指数,一直属于司法外部评估的引领者,产生了巨大的理论和实践影响力。

第四章　司法评估对中国司法的影响

从整体层面看,指导司法改革、优化司法质量、维护司法公正是司法评估体系构建的基本目标。① 在对司法评估指标体系进行系统分析及对司法评估实践展开充分考察后,接踵而至的问题就是,司法评估能否实际上发挥其功能效用,实现其指导司法改革、优化司法质量、维护司法功能的基本目标。这实际上关注的是司法评估对中国司法的影响。如上一章对司法外部评估的审思中所述,鉴于司法外部评估在很大程度上难以对司法改革、司法实践活动产生实质性影响,因此本章更多关注的是司法内部评估对中国司法包括法院、法官、程序、当事人等各方面带来了何种影响。

第一节　司法评估结果的利用类型

一、评估结果利用的通用方式

根据彼得·罗希等人的总结,评估结果的利用一般有三种通用方式:直接利用、概念性利用与劝导性利用。② 所谓直接利用,显而易

---

① 参见郑飞:《中国司法评估实践的理论反思》,载《证据科学》2018年第1期。
② 参见〔美〕彼得·罗希、〔美〕马克·李普希、〔美〕霍华德·弗里曼:《评估:方法与技术》(第7版),邱泽奇等译,重庆大学出版社2007年版,第285页。

见,是指能够直接为决策者使用和发挥其特定的功用,换言之,评估结果直接作为决策者作出决策、进行管理的参考或依据。所谓概念化利用,是指评估从总体上对人的认识和思考所产生的影响。这种界定似乎较难理解,彼得·罗希进一步指出,概念化利用既包括通过评估结果使得个体和团体对当前的社会问题变得敏感,也包括通过一系列评估的累计结果来影响未来的项目和政策发展,这种影响通常是以间接和难以探寻的方式,并通过多种途径渗透实现的,即评估结果并未直接或即刻地对管理决策或政策制定发挥功用,但使人们对该评估对象所存在的问题的认识越来越清晰、理解越来越精确,并且对后来的决策或政策发展产生深刻影响,虽然这种影响可能并未被评估者亲眼所见。所谓劝导性利用,则是指列出评估结果的效用,用来支持或反驳某种政治立场,或者说为了保护和抨击现状。一般而言,评估结果的劝导性利用并不由评估者控制,而且此后也不会和评估者有什么关系。

不同类型的评估结果利用方式,不管是由内部主体展开的评估,还是由外部主体展开的评估,评估者最为期待的往往是评估结果被直接利用:"每个评估者都曾有过这样的美梦:美好的世界带着赞扬来接受评估,并立刻把结果投入使用。"① 评估结果的直接利用往往在公共组织绩效评估的过程中得以充分体现,由于行政化手段的推动,绩效评估结果一般能够得到较好地直接利用。

二、中国司法评估结果的利用方式

中国司法评估结果的利用方式首先是直接利用,概念化利用和劝导性利用则并不多见。这在很大程度上可能要归因于大多数人对司

---

① 参见〔美〕彼得·罗希、〔美〕马克·李普希、〔美〕霍华德·弗里曼:《评估:方法与技术》(第7版),邱泽奇等译,重庆大学出版社2007年版,第286页。

法评估结果的客观性与准确性所持有的谨慎、怀疑态度。很难说通过司法评估结果尤其是所呈现的高分值指数可以让我们对法院司法运作的状况有更深刻的认识和更精确的理解,同时也很少有人会用司法评估结果作为保护或抨击现状的工具。

司法评估结果的直接利用有其制度依据。根据《最高人民法院关于开展案件质量评估工作的指导意见(试行)》(以下简称《案件质量评估工作意见》)的规定,司法评估结果"是进行审判工作管理、决策和评价考核各级人民法院的重要依据之一"。具体而言,中国司法评估结果的直接利用包括两个方面的内容:一是用于分析法院审判运行态势,并作为法院领导审判工作管理与决策的重要参考;二是运用于法院、法官的考核工作,作为考核的重要依据。

中国法院系统存在的考核机制大致包括整体性的法院、业务部门和法官考核三个层面。其中,法官考核有明确的法律规定[①],而对法院包括其业务部门的考核规定主要出现在法院内部文件中。就具体考核内容而言,不管是针对法院整体的考核,还是对法院业务部门或法官的考核,其中有关案件办理工作质量(业绩、绩效)的考核仅仅是考核内容之一,虽然其所占比重可能最大。除案件质量(业绩)之外,相关的考核内容还包括队伍建设、思想作风、政治素质、管理情况、理论水平等。此外,从最高人民法院《案件质量评估工作意见》的规定来看,即便是将评估结果作为考核的重要依据,也只是考核时使用,并未涉及业务部门和法官。对此,也有学者意识到并明确指出其间存在的区别。[②] 但不可否

---

① 《法官法》第八章专门规定了对法官的考核,第 41 条规定:"对法官的考核内容包括:审判工作实绩、职业道德、专业水平、工作能力、审判作风。重点考核审判工作实绩。"第 42 条规定:"年度考核结果分为优秀、称职、基本称职和不称职四个等次。考核结果作为调整法官等级、工资以及法官奖惩、免职、降职、辞退的依据。"

② 比如,公丕祥认为,审判质量效率评估指标是就一级法院审判工作整体而设计的,评估指标体系所设定的指标,其主要的功能是评估分析,对法院质量效率的评价不同于对法官个体业绩的评价,不能将评估指标简单地套用到对法官个人的业绩评价上。参见公丕祥:《案件质量评估的基本导向》,载《人民法院报》2011 年 10 月 19 日,第 2 版。

认的是,地方法院在实践中并不满足仅仅将案件质量评估结果作为考核法院的依据,而是将其与对法院业务部门的绩效考核、法官的绩效考核紧密关联起来,形成了一种"案件质量评估绩效化"的现象。①

需要指出的是,随着最高人民法院关于案件质量评估与审判绩效考核相关改革措施的确立与推进,案件质量评估结果在直接利用方面的具体内容已经有所改变,过去那种以案件质量评估结果为基础的全面、整体性的考核方式已不复存在。可用来控制与考核的仅限于符合法律规定的若干约束性评估指标的评估结果,整体性的评估结果则着重用于法院领导作出审判工作管理与决策时的参考依据。当然,虽然取消了"排名排序",但当下对于法院和法官的考核仍然存在,法院领导运用基于案件质量评估结果的审判运行态势分析展开管理所具有的控制效果也依然存在。笔者认为,对先前司法评估实践的观察和分析仍然是具有相当意义的,这可以为我们提供关于司法评估改革的反思性材料。

第二节 司法评估对中国司法的影响

不可否认,对于中国司法运作而言,司法评估具有相当程度的积极功能,比如,二审开庭审理率、再审审查询问(听证率)的大幅度提高,都意味着对法院在司法公开方面的影响更为可观。但在更大程度上,司法评估机制也对中国司法造成了不利影响。这主要是由不合理的评估指标设定特别是不合法的评估满意值设定造成的。② 所谓不

---

① 参见王晨编著:《审判管理体制机制创新研究》,知识产权出版社2013年版,第76—90页。
② 从管理论角度看,不合适的指标或不平衡的一组指标可能会在实践中导致目标转换,造成管理行为从提高绩效走向它的反面。事实上,对于任何一个公共组织而言,选择什么样的指标从而有效地展开绩效评估,以帮助管理者改善、提升组织绩效,历来都是公共管理的一大难题。参见〔美〕西奥多·H.波伊斯特:《公共与非营利组织绩效考评:方法与运用》,肖鸣政等译,中国人民大学出版社2005年版,第21页。Robert D. Behn, The Big Questions of Public Management, 55 Public Administration Review 313 (1995).

合理的评估指标设定,主要是指评估指标之间的冲突,不同指标指向不同的价值诉求,而这些价值诉求可能存在冲突。不合法的评估满意值设定,是指用于管理的评估指标其满意值或目标值本身没有法律依据,比如,一审服判息诉率、调解率、撤诉率等,上诉是当事人的权利,调解撤诉按照法律规定要求双方自愿、程序合法,法律并没有明确规定达到多少比例的案件是满意的。实践中,法院设置的种种满意值或目标值往往是根据自身的需要而定。正因如此,不少法院针对同一评估指标设定的满意值或目标值经常不一样,甚至差别较大。显而易见,且不管这种做法是否给司法带来额外不利影响,就其本身而言,就是有问题的。

一、法院

中国的地方法院之间存在一种"县际竞争"[①],这种具有中国特色的地方法院之间的竞争已有很长一段时间,某种程度上可以视为伴随地方政府间经济上的"县际竞争"而产生的。就当下的状况而言,从类型上看,地方法院之间的竞争包括发展目标的竞争、审判质效的竞争、服务地方的竞争、制度创新的竞争以及司法知识的竞争。[②] 竞争的原因包括多方面,但从根本上讲,多出、快出司法政绩的利益驱使是地方法院竞争最直接的动力机制。

事实上,案件质量评估体系的出台是最高人民法院力图规制地方法院竞争的一种方式,最高人民法院意在通过统一实行的评估指标体系,引导、鼓励地方法院良性竞争,遏制恶性竞争,力图起到一种宏观

[①] 徐亚文、童海超:《当代中国地方法院竞争研究》,载《法学评论》2012 年第 1 期。
[②] 参见高翔:《中国地方法院竞争的实践与逻辑》,载《法制与社会发展》2015 年第 1 期。

调控作用。在案件质量评估与考核盛行的背景下,地方各级人民法院基本上都被带入了竞争轨道。表 4-1 是部分高级人民法院竞争排位的相关情况,从该表的相关内容不难看出,竞争下的排名成为不少地方高级人民法院向同级人大作工作报告时的重要话语支撑。

表 4-1　全国部分高级人民法院案件质量评估排位相关情况①

序号	法院	所在区域	法院工作报告关于案件质量竞争的表述
1	上海市高级人民法院	东部	司法公正指数连续 5 年位列全国第 1 名
2	江苏省高级人民法院	东部	综合指数连续 5 年全国领先
3	广东省高级人民法院	东部	多项指标继续处于全国领先地位
4	福建省高级人民法院	东部	综合指数居全国前列
5	湖南省高级人民法院	中部	公正效率指数连续 5 年位居全国前 8 名
6	河南省高级人民法院	中部	多项指标在全国的位次有所提升
7	江西省高级人民法院	中部	上诉率、再审改发率连续 5 年低于全国平均水平
8	陕西省高级人民法院	西部	优势指标明显增加
9	重庆市高级人民法院	西部	排名由 2008 年的第 20 名上升到 2011 年的第 3 名,2012 年保持稳定
10	广西壮族自治区高级人民法院	西部	排名从 2009 年的第 18 名、2010 年的第 13 名升至 2011 年的第 7 名、2012 年保持前 10 名

地方法院之间的"县际竞争"并不必然是一个严重的问题。法院

---

① 表格内资料来源于相关各高级人民法院 2013 年工作报告,同时可参见高翔:《中国地方法院竞争的实践与逻辑》,载《法制与社会发展》2015 年第 1 期,具体表述略有修改。

竞争只要在良性的轨道上运行,一般而言就不会导致司法不公问题的出现。然而,在中国这种争优文化盛行的社会环境中,竞争的内容如果设置不当,则极易出现恶性竞争的问题,特别是在公共组织的具体绩效情况与组织的领导者的利益高度关联的情况下,恶性竞争就更容易出现。就中国法院系统而言,正是因为法院院长与法院办案绩效之间的高度关联,恶性竞争成为一个不得不重点关注的严重问题。在中国法院系统内,院长居于金字塔塔尖,扮演着管理家的核心角色。① 地方法院之间的竞争,与法院院长有着莫大关系,甚至在某种程度上可以说,正是法院院长决定着法院是否参与竞争、如何竞争。从组织理论视角看,法院的组织利益受法院领导个人利益影响非常明显,两者甚至可以说交织在一起。在案件质量评估特别是绩效考核的背景下,本地区的案件质量评估状况如何,甚至关系到法院领导特别是"一把手"的政治前途,因此,由法院院长主导的不合理的功利性竞争在不少地方法院出现,"唯 GDP 主义""唯数据论"盛行。

二、法官

最高人民法院设计案件质量评估体系的初衷是激励法官多办案,从而实现法官生产力的最大化。但现实状况是,不合理的评估指标及过于繁琐、严格的考核导致很多法官不愿意多办案,因为"办案越多,质量评估风险越大,负担越大,绩效考评越容易差"②,比如,c1 基层人民法院一位法官接受访谈时就谈道:

---

① 参见左卫民:《中国法院院长角色的实证研究》,载《中国法学》2014 年第 1 期。
② 吴良军、郑强、李小勇:《审判管理遭遇"反差"背后——兼论案件质量评估走出"困局"的机制改进》,载四川省高级人民法院学术委员会编:《法院审判与管理研究——四川省法院第十五届学术讨论会获奖论文集(上册)》。

> 我们从事一线审判工作的法官确实挺累,但是考核结果对我们的伤害很大,归结原因是审判绩效(标准)制定不符合审判规律,从而导致考核出问题,比如说一年办理一起案件的法官可以得 100 分,一年办理 100 件的法官只能得 50 分,你说冤还是不冤。

笔者以为,通过司法评估工作的开展来推动案件质量的提升,首先存在的一个前提是,案件质量不高的原因可归于法官不作为、不廉洁、司法腐败以及法官的司法能力不够、努力程度不够等。只有将法院处理案件质量不高的原因可归因于法官的主观因素、司法能力因素时,激励方式才可能是有效的。但事实上,是否区分可归因于法官的因素,其实在当前的案件质量评估体系中体现、区分得并不是很好。在不少地区的司法评估中,不管案件类型如何、案件所处区域状况,只要出现评估结果未达目标值的情况,法官都会受到不好评价。事实上,评估结果未达目标值,很有可能并非法官不努力、不作为所致,而是与案件类型、案件本身质量状况有关。由此而言,不加区分的管理策略首先就存在逻辑问题。

案件质量评估体系设计的不合理加剧了法官的角色冲突。从当前中国司法的实践运作情况看,同一个法官,不仅要饰演评断是非功过的裁判员,还要充当和谐社会的建设者——"社会工程师"。实际上,法官的这两种角色可以用"吴经熊"与"马锡五"这两个法律传统的象征来形象描述。① 在很大程度上可以说,由于案件质量评估体系本身就存在价值冲突,因此将具有价值冲突的指标用于考核法官,必然进一步加剧法官的角色冲突。②

根本而言,司法评估对法官的最大影响是进一步塑造了"驯训的

---

① 参见喻中:《吴经熊与马锡五:现代中国两种法律传统的象征》,载《法商研究》2007年第 1 期。
② 参见江国华、韩玉亭:《论法官的角色困境》,载《法制与社会发展》2015 年第 2 期。

法官"。案件质量评估体系运作的一个基本理论与制度限制是,司法评估工作的展开不能妨碍法官依法独立办案。然而,实践中,这样的前提或限制性因素实际上并未得到有效落实,相反,正因为司法评估工作的展开,尤其是与绩效考核相结合的模式,一方面,导致法官并未严格依照法律办案;另一方面,法官的独立性也受到很大程度的冲击。过于将案件质量评估与绩效考核相联系的做法,实际上强化了法院的科层制因素。按照韦伯的说法,科层制下的人往往会演变为唯唯诺诺、唯上级是尊、唯权力是尊,唯独没有自我这样的一种角色。① "久而久之,一个缺乏自主精神、缺乏道德力量、依赖感强、遇事互相推诿、不愿意承担责任、工作质量低下的司法群体就会形成。"②在某种程度上,中国司法评估不合理的考核指标和考核取向似乎有着进一步塑造"驯训的法官"的趋势。

  当然,最高人民法院也在不断进行改革。2024年9月,最高人民法院大幅度修改调整《人民法院审判质量管理指标体系》,修订后的指标体系从26项减少到18项,精简比例达1/3,修改的主要目的就是为一线法官减负。从实际反馈来看,一线法官确实也在很大程度上少了焦虑和压力,而有更多的时间去提升审判质效。③ 例如,有基层法院法官就明确指出:"以前每月需要花费较多时间开会,研讨填补数据缺口、提升排名位次的方法,而对于真正需要花费精力的审判执行工作,却要靠更多的加班加点补回来。目前,按年、季、月为周期的各类排名消失,有了更多时间和精力投入案件分析、法官会议、判决撰写。"④这样的改革举措显然是非常具有必要的,未来也需要不断地进

---

① 参见王振东:《韦伯:社会法学理论》,黑龙江大学出版社2010年版,第134页。
② 张建伟:《等级制与法官》,载苏泽林主编:《法官职业化建设指导与研究(总第3辑)》,人民法院出版社2004年版,第56页。
③ 参见魏哲哲:《一线压力减 审判质效增》,载《人民日报》2025年3月28日,第10版。
④ 龚国旗:《法官工作不该只被名次标注》,载《人民日报》2025年3月28日,第10版。

行制度完善,更要推进落实,切实减少司法评估对法官带来的不必要、不合理的影响。

三、程序

整体上而言,司法评估机制的展开对诉讼程序的不利影响集中体现在进一步加剧了程序失灵。所谓程序失灵,主要是指法律层面所规定的法定程序在诉讼过程中受到搁置或规避,使得明确规定形同虚设的现象。① 关于司法的绩效考核会带来程序失灵这样一种现象其实并不是什么新鲜的发现,在不少学者的讨论中曾屡屡出现,比如,陈瑞华很早就谈及该问题②,艾佳慧也曾通过定性分析以及实证数据的检验更为细致地指出了该问题③。司法评估机制出现后,由于更为严格与精细化的控制存在,程序失灵问题集中凸显。具体而言,司法评估机制加剧程序失灵的表现主要有以下几方面:

一是诉讼程序的基本架构受到了进一步冲击。这主要体现在重点考核一审判决的案件改判率对上诉程序、审级制度的影响。法院推行全国统一的案件质量评估机制后,这种程序失灵的现象不断被揭示出来,而且越来越严重。笔者调研的A2中级人民法院的一份内部文件中曾明确指出:

> 为了提高一审判决案件改判率,二审法院办理上诉案件时一定坚持"可改可不改的一定不改"的原则,加强与基层法院交换意见的力度,基层法院在复杂案件一审判决时、二审时均要主动

---

① 参见陈瑞华:《刑事程序失灵问题的初步研究》,载《中国法学》2007年第6期。
② 参见陈瑞华:《刑事程序失灵问题的初步研究》,载《中国法学》2007年第6期。
③ 参见艾佳慧:《社会变迁中的法院人事管理——一种信息与知识的视角》,北京大学2008年博士学位论文。

与中级法院交换意见,力求达到意见一致。

显然,案件质量评估在一定程度上消弭了诉讼法上规定的基本程序架构即审级制度的功能。从逻辑上来看,来自上级法院的"质量控制"要求不可避免地会降低一审判决的重要性,从而导致一审判决由此具有了暂时性或阶段性的特征。司法评估的某些指标,如一审服判息诉率、一审判决案件改判发回重审率(2011年的案件质量评估体系中区分了错误与否)、生效案件改判发回重审率等指标,客观上都会促使下级法院就案件处理征求上级法院意见,通过下级法院的"请示"和上级法院的"答复",容易形成两级法院对案件的"共同认识"。与此同时,后置法官的改判和发回重审也要考虑给前置法官带来的影响,尽量少改判和发回重审。

二是程序法的某些基本原则可能会受到损害。以当庭裁判率为例,作为诉讼高效率的体现,当庭裁判对于诉讼当事人而言确实可能具有一定程度上的积极意义,比如,审判周期得以缩短,司法资源也得到了节约。但是,不得不注意的问题是,从理论层面的定性分析来看,如果不加区分地要求法官尽量当庭裁判,则可能导致"先判后审""先批后审"等现象出现,严重损害直接审理原则、言词审理原则等程序法规定。笔者在实证调研中也发现确实存在这种情况,正如上文所呈现的那样,不少地方法院特别是基层人民法院的当庭裁判率已经达到了一个令人惊讶的水平。而在司法评估机制的运作过程中,只要当庭裁判率得到提高,诉讼过程中存在的某些实质上的违法行为一般都能得到掩盖,更为严重的是,违法的法官不仅不会因此受到职业上的制裁,相反,可能还会获得利益上的奖励。①

三是导致某些程序机制本末倒置。以民事诉讼为例,我国民事诉

---

① 这种现象其实在多年前就已经存在,只不过由于法院案件质量评估机制出来后得到了集中凸显。有关之前相关现象的论述,可参见兰荣杰:《制度设计与制度实践之间——刑事当庭宣判制度实证研究》,载《中国刑事法杂志》2008年第3期。

讼立法在审判程序定位上高度倚重普通程序,具有明显的"以普通程序为基础,以简易程序为例外"的特征。① 然而,在具体的司法实践中,由于司法评估对效率的过分追求,本来应该作为核心的普通程序却被例外适用,而适用简易程序却成为主流。从现实层面来看,民事司法过程中对简易程序的大幅度使用显然是具有一定的必要性的。随着大量民事案件涌入法院,且民事诉讼立法又要求在规定的审限内审结,为避免超审限而可能导致的不利评估,并尽可能提高评估数据,简易程序的扩大化适用很容易成为法院首选的应对之策。然而深入来看,由法院单方意志使然的简易程序适用扩大化实际上带来的是一种饮鸩止渴的效应,即有可能逐渐消弭民事司法普通程序所具有的基本程序构造和内容,特别是其规范化、专业化的基本取向。事实上,最高人民法院也早已认识到了问题的严重性。②

四、当事人

法院或法官在应对案件质量评估过程中采取的相应策略对当事人也产生了一定的不利影响。这种不利影响主要体现在当事人的程序利益受到严重损害,并且在一定程度上也致使其实体利益受损。

一是当事人的起诉权得不到有效保障。起诉权的行使是保障当事人寻求司法救助的第一步,但长期以来,民事司法中"起诉难"的现象持续存在,具体而言,表现为法院对当事人的起诉既不立案,也不作

---

① 参见蔡彦敏:《断裂与修正:我国民事审判组织之嬗变》,载《政法论坛》2014年第2期。
② 最高人民法院2003年的《民事诉讼程序改革报告》指出:目前全国各地法院对简易程序的规定及运用尽管对本辖区范围内一部分或大部分民事纠纷的解决有着积极的作用和意义,并对现行相关立法和司法解释的滞后与不足具有一定的填充和应对功能,但从长远来看,这种做法却是不利于法制的规范和统一,也不利于法治的建设。参见最高人民法院民事诉讼法调研小组:《民事诉讼程序改革报告》,法律出版社2003年版,第9—10页。

裁定，某种程度上变相剥夺了当事人的起诉权。由司法评估机制所引发的法院"选择性司法/不司法"显然严重侵犯了当事人的起诉权。对此产生影响的主要包括对立案正确率、结案均衡度、结案率等指标的评估与考核。

二是当事人的上诉利益受到严重损害。上诉制度设置的目的在于为当事人提供多次救济的机会。然而在司法评估机制的影响下，受一审判决案件改判发回重审率指标的影响，上下级法院之间的内部请示更加严重，这种由法院系统内审批、沟通决定二审裁判结果的审判运作方式实际上剥夺了当事人在诉讼程序中的结构性地位[1]，进而严重影响当事人的实体权利的实现。

五、司法评估何以发生作用

关于中国司法评估机制，实务界人士大多基于角色立场的差异各持己见，比如，作为组织领导的法院院长立足于管理的需要，对案件质量评估并不反感，相反可能持一种欢迎态度，大多只是认为需要进行改革完善，从而使其更具科学性与合理性；而普通法官则大多对科层制管理有着天然抵触性，并且以"法官除了法律就没有别的上司"[2]之类的司法独立话语作为支撑，从而对司法评估多有反对和厌恶情绪。从常理上而言，一项制度能够得到确立并有效推行，势必需要得到运作范围内最低限度的共识。然而吊诡的是，在未能获得如是共识的情形下，中国司法评估机制却能屹立不倒，并深刻影响着中国的司法实践。为什么会出现这种状况？这无疑值得探讨。

---

[1] 参见陈杭平：《组织视角下的民事诉讼发回重审制度》，载《法学研究》2012年第1期。

[2] 《马克思恩格斯全集》（第1卷），人民出版社1995年版，第180—181页。

有论者指出,如果不能和法官的业绩考评制度及奖惩激励机制相结合,那么司法评估体系的运行可能就会失去动力,成为一种"摆设",并导致法院的审判工作水平和法官的业务能力无法得到有效提高,其结果是,法官干好干坏都一样,建立司法评估体系也就失去了意义。① 从该论述的逻辑看,似乎司法评估在实践中能够发挥作用的原因在于其组织激励的功能,这也是几乎所有研究者在讨论案件质量评估机制时所持的一个重要、基本的观点。然而,实际情况是否如此呢?有论者通过实证研究发现,事实上,法官的岗位安排、职务任免、晋职、晋级较难与绩效考核结果挂钩,其激励导向作用发挥得并不佳。② 更重要的是,从实践情况来看,法官晋级其实非常难。B 省高级人民法院的 L 法官在接受访谈时便谈道:

> 我们的晋升速度非常慢。以前说,法官都是阳光工资,但动态比远远低于其他人。在公务员序列里面,可能只是比公安稍微好一点。所以这样不可能留住太多人才,很多都是因为晋升问题。我们省法院,一辈子的职业生涯也就是科级干部,因此所谓的绩效考核激励基本上起不到多大的作用。

此外,就法官的再次任用或晋职、晋级而言,审判绩效仅仅是一个方面的考虑因素,诸如年龄、学历、任职年限、人际关系、与领导的亲疏远近等因素同样不可忽视,甚至可能更为重要。例如,有学者通过实证研究发现,在任用业务庭庭长时,考虑更多的并非业务能力。③ 由此而言,来自案件质量评估对司法人员职务晋升的激励就可能被弱化。

总而言之,基于组织激励视角的分析虽然具有一定道理,但这种

---

① 参见汪忠春:《审判管理与质量效率评估体系研究》,苏州大学 2008 年硕士学位论文。
② 参见张磊:《基层法院的绩效考核体系研究》,山东师范大学 2012 年硕士学位论文。
③ 参见左卫民、全亮、黄翀、王禄生、张洪松:《中基层法院法官任用机制研究》,北京大学出版社 2014 年版,第 124—138 页。

分析也不足以让人完全信服和满意。至少就很大一部分法官而言,其对于完成法院规定的"目标任务"从而获得奖励的兴趣并非我们想象的那么大,因此,案件质量评估机制的激励控制功能对于他们而言实际上作用并不明显。事实上,真正能够促使案件质量评估与绩效考核机制发挥作用的主要还是法院系统"命令—服从"的控制机制,其是一种科层制的组织控制机制。作为一种组织控制方式,案件质量评估机制,特别是其中的绩效考核是司法机关追求组织理性的意识自觉。组织理性与程序理性并非完全水火不相容,在某种程度上,程序理性反而是构成组织理性的重要内容,好的绩效考评制度甚至会极大地促进刑事司法的程序理性建设。[①]

第三节 司法改革及其司法评估下的法官流失问题

自 2013 年党的十八届三中全会决定提出深化司法体制改革以来,法官队伍在一定程度上经历了一个波动的过程,法官流失问题引起了理论界和实务界的高度关注。事实上,这一现象也与新时代背景下法院内部开展的司法评估(包括司法体制改革评估、法院案件质量评估及针对某些特殊改革措施的专项评估)等存在着较大的关联性甚至因果关系。正如有学者所指出的,基层法官流失的原因之一在于法院内部的审判管理与绩效考核的行政化,案件流程及质量管理结果的绩效化,以及管理方式的科层化在法院内部形成一张纵横交错的权力

---

① 郭松认为,在终极目的上,程序理性与组织理性有着相当的可通约性,即都服务于刑事诉讼目的的实现。在此认识之下,如果刑事司法机关围绕组织理性的获取,推行一套合理的绩效考评制度,并认识到其内在不足,那么这不仅有助于治理中国刑事司法中的种种"乱象",也会极大地促进刑事司法的程序理性建设,甚至不啻为通往程序理性的另一条道路。就此而言,绩效考评制度与刑事程序法治化并非格格不入,它们完全可以有机统一。参见郭松:《组织理性、程序理性与刑事司法绩效考评制度》,载《政法论坛》2013年第 4 期。

之网,理应具有独立地位及自主判断权的法官被整合进一个个权力的网格之中,深陷重重监督和考核。① 特别是员额制改革与立案登记制改革以后,法院"案多人少"的矛盾愈发凸显,法官长期处于高负荷工作的状态,进一步加速了法官流失。②

  本节主要是对实务部门、社会舆论及理论研究都比较关注的法官流失问题的集中讨论。在展开相关的讨论前,需要对法官流失这一概念进行界定。法官的职业流动,存在法院系统内流动与法院系统外流动两种类型,法院系统内流动主要是指从某一个法院调动到另一个法院,例如,从下级法院调动到上级法院;而法院系统外流动,主要是指从法院离职,或调往其他党政机关、政法机关,依然还在体制内,或直接辞职"下海",从事律师工作或者企业法务工作。有论者认为,法官流失这一概念应该仅指离开了法院系统,而在同一司法系统内部,从一个法院流动到另一法院不能称为流失,因为司法系统内的人员数量并未减少,不存在"失"的问题。③ 笔者对此则持不同看法,对于法院系统内部的调动,应该也要纳入法官流失的范畴来讨论。因为,虽然司法系统内的法官流动对司法系统来说并不会造成人员数量上的直接减少,但对于法官流出的法院而言,确实是人力资源的损失、人才的流失,而且由于不能短期内立即补缺人才,也会对法院的审判业务产生影响。因此,本节所讨论的法官流失,既包括法院系统内由一个法院向另一个法院流动的系统内流失,也包括法官辞职"下海"这种具有共识性的外部流失。

---

  ① 参见张青:《基层法官流失的图景及逻辑:以 Y 省部分基层法院为例》,载《清华法学》2018 年第 4 期。
  ② 参见程金华:《中国法院"案多人少"的实证评估与应对策略》,载《中国法学》2022 年第 6 期。
  ③ 参见吴国平:《法官流失现象及其应对》,载《福建行政学院学报》2015 年第 3 期。

一、法官流失的现状与特征

(一)法官流失的状况变化

1. 震荡:基础性司法体制改革期

2013年,党的十八届三中全会决定开启新一轮司法体制改革,该阶段的改革内容主要是从顶层设计的角度破解体制性的关键议题,具有"四梁八柱"的性质,有学者称之为"基础性司法体制改革"①。大概到2017年党的十九大报告提出"深化司法体制综合配套改革"时大致完成。改革的核心内容中,法官员额制、司法责任制等在很大程度上对法官队伍的稳定性造成了较大震荡,甚至有人认为出现了法官离职潮,以至于官方媒体《法治日报》连续刊发采访最高人民法院司法改革领导小组办公室负责人及5地法院的报道,强调司法改革进程中并未出现法官离职潮。②

然而,即便官方层面专门发声强调并未出现法官离职潮,学界似乎并不以为意。事实上,有不少研究明确指出,以辞职为主要形式的法官流失现象在一些地方日益增多,特别是基层人民法院这种情况更为严重,且总体上呈现出流失数量上升、流失速度加剧的态势。例如,媒体公开披露的数据显示,2010—2014年,上海法院系统平均每年流失67名法官,其中,2013年流失74名,2014年流失86名(包括审判长17名,拥有硕士以上学位的43名,属于70后的中青年法官63名)。2015年第一季度,上海法院系统共有50人离职,其中法

---

① 杨力:《从基础司改到综配司改:"内卷化"效应纾解》,载《中国法学》2020年第4期。
② 参见周斌:《司改进程中未出现法官离职潮》,载《法制日报》2016年7月28日,第3版;周斌:《5地法院回应称法官离职原因复杂多样 司法改革未出现法官离职潮》,载《法制日报》2016年7月28日,第3版。

官 18 人。① 广东法院系统辞职或调离的法官人数已超过 1600 名。② 相应的数据还有很多,例如,一项针对广州市两级法院的统计发现,2013—2016 年,共有 53 名法官辞职,辞职后从事律师工作的有 29 人,到企业工作的有 12 人,两者合计占全部辞职法官人数的 77.36%。其中,30 岁以下 4 人,31—40 岁的 38 人,共占 79.25%。③ 再如,另一项针对中部某省 8 家法院 2015—2019 年间流失的共 70 名法官的统计分析发现,45 岁及以下中青年法官有 53 人,占流失法官总人数的 75.71%。④ 又如,河南某地基层法院人才流失比较严重,行政编制空缺较大。该院 2013—2020 年,共招录政法编制人员 15 人,招聘事业编制人员 33 人,共计 48 人;调出行政人员 39 人,事业编 10 人,共减少 49 人,其中行政部门流失 1 人,辞职 1 人,考试进入上级和同级政法队伍 24 人,到龄退休 19 人,死亡 4 人,目前行政编制空缺 21 人,事业编空缺 2 人。总体来看,流失人数大于招录人数。⑤ 此外,资深法官流失更是一个值得高度关注的问题。司法审判是一项需要经验和技艺的活动,而 50—60 岁左右的资深法官实际上是法院更宝贵的人力资源,但有研究显示,近年来在中基层法院,提前离开审判岗位的老法官越来越多。⑥

---

① 参见王烨捷、周凯:《上海司改为留住青年法官开出"药方"》,载《中国青年报》2015 年 4 月 20 日。

② 参见刘洁:《法官辞职,一个需要冷静面对理性思考的现象》,载《人民法院报》2014 年 8 月 1 日,第 2 版。

③ 参见舒扬:《法官离职现象评析——以广州法院为样本》,载《法治论坛》2016 年第 4 期。

④ 参见牛艳、李兆杰:《法官流失与司法改革关系之省思——基于 A 省若干典型法院的实证分析》,载张光君主编:《应用法学评论》(2020 年第 1 辑),社会科学文献出版社 2021 年版,第 104 页。

⑤ 参见李秋丽、谢文龙:《关于法院人才流失及法官断层问题的探析——以襄城县法院为样本》,载河南省襄城县人民法院官网 2020 年 10 月 9 日,https://xcxfy.hncourt.gov.cn/public/detail.php?id=4420。

⑥ 参见夏明玥、李峥:《老法官流失问题的反思与规制——中国特色资深法官制度的完善》,载《人民司法》2023 年第 34 期。

需要特别强调的是,在中央和最高人民法院推出的这一轮司法体制改革举措之下,法官流失现象在部分地区似乎出现了巨大震荡,呈现出不断上升的趋势,而且特别突出的一个现象是,大城市和经济发达地区的法院表现得尤为突出,法官辞职的现象越集中,一线办案法官就越紧缺。

2. 平缓:司法体制综合配套改革期

2017年党的十九大报告提出深化司法体制综合配套改革、全面落实司法责任制,我国新一轮司法改革进入了一个新的阶段。事实上,早在2017年8月29日,中央全面深化改革领导小组便已经审议通过了《关于上海市开展司法体制综合配套改革试点框架意见》,在上海开启了综合配套改革试验。综合配套改革的核心目的是在已经有的基础性司法改革确立的"四梁八柱"成果的基础上,进一步解决司法体制改革中的机制性和保障性难题,具有"添砖加瓦"和"精装修"的意味。特别需要指出的是,2020年2月5日,中央全面依法治国委员会第三次会议通过了《关于深化司法责任制综合配套改革的意见》,最高人民法院也于2020年7月31日印发了《关于深化司法责任制综合配套改革的实施意见》,对法官员额制相关的职业化建设及管理制度进行了更为细致地谋划和部署。上述中央层面推动的一系列综合配套改革举措对于法官职业流动实际上也产生了较为深刻的影响。

在这一时期,法官的职业流动已经不像基础性司法体制改革时期那样出现较大幅度的波动与震荡,而是进入了一个相对平缓的时期。当然,法官辞职"下海"的现象依然存在,但是相对而言数量上有所减少。笔者在调研的过程中发现,受访人大部分是2014年至2017年辞职的,而在2018年以后辞职的法官人数比较少。一位受访的基层法院副院长谈到了其间的变化:

2014年刚刚开始司法体制改革特别是法官员额制改革时,法官队伍的波动还是挺大的,不少人萌生了辞职的念头,而且也确实有一批人辞职了,但这两年辞职人数就少了很大,主要是经过前段改革,想走的能走的基本都走了,留下来的人心态平缓了很多,另外,法官收入的提高也稳住了一部分人。当然,还是有一部分的人选择了辞职离开法院。

(二)法官流失的基本特点

结合既有的研究成果与实证调研获得的数据,以及访谈获得的实证材料,可以大致归纳出法官流失的基本特征:

一是流失的法官以年轻人居多。从年龄来看,流失的法官一般多为40周岁以下的年轻法官。例如,广州市2013年至2016年流失的158名法官中,31—40岁的法官人数为93人,占辞职和调动的法官总量的58.86%。①

二是流失的法官以男性居多。例如有调查显示,北京法院2016年上半年共有93名法官离职,其中男性居多。② 调研发现,在辞职"下海"的法官中,特别是选择从事律师行业的辞职法官中,男性的比例达到80%以上。③ 多名受访人也表示,男性选择辞职离开法院的比女性要多得多。

三是流失的法官中业务骨干居多。目前流失的绝大多数都是具有审判资格、熟悉审判(执行)业务或具有丰富审判(执行)经验的骨干法官。这些法官都是40岁至50岁,年富力强、熟悉业务的中年骨干。④

四是流失的法官大多为基层法院的法官。基层法院的法官流失

---

① 参见舒扬:《法官离职现象评析——以广州法院为样本》,载《法治论坛》2016年第4期。
② 参见周斌:《司法改革未出现法官离职潮》,载《法治日报》2016年7月28日,第3版。
③ 这一比例也与已有的研究成果相呼应,例如有论者2015年的一项研究同样指出,受访的离职法官当中,男性占80.33%,明显高于女性。参见胡昌明:《中国法官基本状况报告》,载《司法改革内刊》2015年第2期。
④ 参见李燕:《上海法官流失逐年增多:去年86人》,载和讯网2021年2月18日,http://news.hexun.com/2015-01-30/172905224.html。

一直是困扰我国基层法院的一个重要问题。① 调研发现,在流失的法官中,基层法院的法官占所有流失法官的大多数。当然,这样一种数量上的对比似乎并不能完全说明问题,主要是基层法院的法官本就是法官群体的最大组成部分,即相关的基数非常大,故而其流失的人数多就属于正常范畴。由于没有相应的全样本来比对基层法院和中级以上法院法官流失的比例,笔者采用了访谈的方式进行了解,不少受访人表示,基层法院的法官确实在离职意愿方面要高于上级法院,主要是由于"案多人少"的矛盾在基层法院表现得最为突出,法官的工作负荷和工作压力最大。

五是流失法官的职业以体制内流动为主,体制外流动相对较少,并呈现出比较明显的地区差异。笔者在访谈中了解到,绝大多数法官离职后首选还是党政机关,完全辞职"下海"从事律师职业、企业法务等的人数要远少于前者。不过,体制外的流动也存在地区差异,经济发达地区的法官体制外流动的比例要显著高于经济欠发达地区。对于此种现象,笔者进一步访谈了部分辞职法官,受访者表示,这主要是因为,在经济发达地区,辞职后从事律师职业、企业法务等工作更为容易,收入也更为可观。既有的一些研究也在某种程度上支撑了这一观点。②

二、法官流失问题对于司法实践的影响

(一)直接体现:人力资源的损失

法官是司法最为重要的资源——人力资源。法官流失对法院的

---

① 参见张青:《基层法官流失的图景及逻辑:以 Y 省部分基层法院为例》,载《清华法学》2018 年第 4 期。

② 参见张青:《基层法官流失的图景及逻辑:以 Y 省部分基层法院为例》,载《清华法学》2018 年第 4 期。

直接影响就是法院人力资源的损失,特别是流失的法官主要是以业务骨干为主时,对法院人力资源的冲击是比较大的。同时,法官流失也会在很大程度上影响法官队伍的稳定。部分法官的离职在法官队伍内部可能会产生连锁反应,特别是基层人民法院,不仅面临人员断层、青黄不接的问题,甚至还可能面临职业法官短缺的窘境。从更长远的角度来看,法院业务骨干的流失,特别是以年轻法官为主的业务骨干的流失,会严重影响法院法官队伍的新老交替、业务传承与素质提升。

(二)恶性循环:"案多人少"问题进一步加剧

"案多人少"一直是中国司法特别是民事司法理论研究关注的焦点问题,也是实务界人士在各个场合经常提及的"老大难"问题,这一问题在基层法院尤为突出。例如,2022 年广州市中级人民法院向广州市人大作的报告中提到,过去 5 年,广州市法官年人均结案从 325 件增至 590 件,2021 年法官人均结案数约为全国平均水平的 2.2 倍。在笔者的调研过程中,"案多人少"问题也是被频频提及。"案多"亦即"诉讼爆炸"问题,在世界范围内都是一个突出现象,也是经济社会发展的客观结果,而与此相应的"人少"问题则在某种程度上不是一种客观现实导致的结果,而是司法改革的结果,这里主要是指法官员额制改革。从某种意义上讲,法官对"案多人少"的普遍感受主要来源于"人少"。统计显示,我国法官人数曾于 2002 年达到 24.8 万人的历史峰值,随后稳定在 20 万人左右。员额制改革后,法官人数骤减至 12 万名。这一数量与西方法治发达国家相比都属于偏低的水平。以 2019 年上半年的数据为准,全国每 1 万人配置的员额法官人数不到 1 人(0.89 人)。而这一数值在德国为 2.87 人。[①] 总之,法官员额制改革

---

① 参见任重:《"案多人少"的成因与出路——对本轮民事诉讼法修正之省思》,载《法学评论》2022 年第 2 期。

导致法官数量大幅减少,甚至与法治发达国家的德国相比都属于偏低水平。

法官流失是否进一步加剧了"案多人少"的矛盾,或者是"案多人少"带来的超负荷压力导致了法官流失?由此,法官流失与"案多人少"之间的关系是值得讨论的一个问题,二者之间是否存在因果关系,何者为因?何者为果?还是互为因果?目前似乎有不少论者将"案多人少"的矛盾视为法官流失的主要原因。而法官流失问题则进一步加剧了由法官员额制改革引发的"案多人少"的矛盾。如前所述,辞职的法官大都属于法官队伍中的精英分子,其中不少人是员额法官中承担主要办案任务的一线法官,其辞职对某些基层法院而言就意味着法院失去了非常重要的人力资源。而员额法官的遴选具有时效性,并不是在法官辞职后马上就能补缺,并且新遴选的员额法官也并不是马上就可以承担起复杂又沉重的办案工作。

(三)程序正义的减损:诉讼程序简化改革"剑走偏锋"

法官流失使得"案多人少"的矛盾进一步恶化,而为了应对法官流失以及"案多人少"的现实问题,最高人民法院推动了程序法层面的一系列改革试点工作。2021年《民事诉讼法》进行了修改,其核心就是力图通过扩大独任制适用范围、提高小额诉讼案件标的额、扩大适用边界等制度来缓解该问题。其中非常值得关注和讨论的是,作为修法核心内容之一的扩大独任制审判程序的适用范围,其直接目标是在程序层面降低法官这一人力资源的使用量,这种解决"案多人少"问题的方式产生了一定效果。左卫民率领的实证研究团队对某基层法院进行了个案研究,其主要关注的是"诉讼爆炸"问题及相应的解决措施的效果。其研究发现,通过减少合议庭审判,推行实质层面的独任法官审判,同时结合程序的简化改革特别是加强小额诉讼承兑适用,确实可以提高法院人力资源的利用率,法院一半以上的案件办理时长从之前的 2 个月以上缩短到 1 个月以内,相当于减轻了法官 1/4 的工作量。①

不过,法学界的诸多学者对《民事诉讼法》的上述修改颇有微词,主要是担心相关修改是否会使公民的诉讼权利"打折扣",以及是否会对民事诉讼基本价值和司法公正造成负面冲击。例如,潘剑锋教授明确指出,2021 年《民事诉讼法》修改中,独任制的扩张是对合议制这一基本制度的动摇,简易程序边界的拓展是对普通程序作为基本程序形成了挑战。② 傅郁林教授更是认为,此次修法是以正义的严重打折乃至于大幅度牺牲正义为代价。③ 当然,扩大独任制适用范围是否真的有损司法公正,也有一些学者对此提出了不同看法,例如,左卫民认为,扩大独任制适用范围改革并不必然降低审判结果的公正性,尽管小额诉讼程序与独任制改革在抽象层面削减了若干程序性权利,但是权利整体上尚未受到明显减损。④

总而言之,虽然还有一些学者提出了不同看法,但是民事诉讼法学界比较普遍的看法是,2021 年《民事诉讼法》的修改在程序正当性方面存在严重不足。当然,也不能对司法机关的此种选择提出过多苛责,事实上,导致这一状况的非常重要的现实原因还是法官员额制改革对法院人力资源的断崖式缩减,而法院不少优秀骨干法官的辞职或者流失也在一定程度上加剧了这一问题。

---

① 参见左卫民:《"诉讼爆炸"的中国应对:基于 W 区法院近三十年审判实践的实证分析》,载《中国法学》2018 年第 4 期。
② 参见潘剑锋:《"基本"与"其他":对〈民事诉讼法〉相关制度和程序修订的体系化思考》,载《法学评论》2022 年第 2 期。
③ 参见傅郁林:《"司法提速"需要科学化和系统化》,载《上海法治报》2021 年 11 月 26 日,第 B07 版。
④ 参见左卫民:《效率 VS 权利? 民事程序繁简分流改革争论的实证审视》,载《现代法学》2022 年第 5 期。

第五章　契合中国式现代化的司法评估机制改革

第一节　如何理解"改革"

按照塞缪尔·亨廷顿的界定,"改革"这一概念大致包括速度、范围和方向三个维度的含义。从速度上看,"改革"一般呈现较为和缓的变化;从范围上看,"改革"具有规模的有限性;从方向上看,"改革"意味着现实状况至少得到某种程度的改善。改革的道路注定是道阻且长的,所面临的问题往往比革命更纷繁复杂,因此需要改革者具备更为高超的政治技巧。① 准确地认识和把握"改革",首先要理解"改革"的实质是什么。从本质上看,"改革"意味着制度的变迁。而就制度变迁这一概念而言,其中有两个特征特别值得关注。

其一,制度变迁总是渐进展开的。制度变迁之所以呈现出渐进性

---

① 亨廷顿曾指出,一个成功的革命者无须是政治巨匠,而一个成功的改革者则必是一流的政治家。一个改革者"比起革命者来,他要把更多的注意力放在变革的途径、手段和时机上。他为改革者推荐的最佳策略是:整体上选择"费边战略",分步骤实施"闪电战术"。"费边战略"的含义是,改革者要善于隐蔽其目标,并采取渐进式的措施,把改革分开来实现,一事一力;"闪电战术"的含义则是,当时机成熟,改革者应在反对派还来不及动员自己的力量的时候,迅速提出改革方案并实施改革措施。参见〔美〕塞缪尔·P.亨廷顿:《变化社会中的政治秩序》,王冠华等译,上海人民出版社2021年版,第287—289页。

的特征,主要是由于社会中非正式约束嵌入(embeddedness)的结果。① 换言之,以渐进性为主要表现形式的制度变迁的出现,很大程度上可归因于非正式规则总是比正式规则的稳定性和持续性要强。所谓非正式规则,是一种长期交往中留下的社会经验,是人们经过充分交流和实践后共同认可、遵循的一套规则。在制度变迁的过程中,无论改革的举措如何激荡起伏,新的制度系统与旧的制度系统之间依然会存在"剪不断、理还乱"的关联。即使正式规则在短期内得以彻底改变,非正式规则也仍然可能"我自岿然不动"。

其二,在制度变迁的过程中,与之伴随的往往是"路径依赖"。所谓路径依赖,意味着制度变迁过程具有一种类似于物理学上的"惯性",即一旦主体选择了某一制度运作模式,无论这种模式是"好"还是"坏",在其后的运行过程中,制度的运行者往往很难跳出既有的选择,而是形成了一种对先前模式的高度依赖性且不断地进行"自我强化"。路径依赖的产生,与制度创新或改造的成本过高紧密关联,即制度创新的成本往往高到制度的改革者难以承受,以致不愿意主动寻求制度的新突破。打破路径依赖,很大程度上需要国家与政府来推动。

中国的司法体制与机制改革,包括司法评估机制的改革,其呈现的也是一种制度变迁的过程。因此,我们当然可以立足于制度变迁的上述特征展开对其理解与分析。首先,从最高人民法院颁布《人民法院五年改革纲要》到目前正在开展的《人民法院第六个五年改革纲要(2024—2028年)》,中国司法评估机制一直都处于改革完善的过程之中,这一变迁的速度是相对比较和缓的,是渐进式展开的,期间甚至还存在反复,这正如一些学者所称的"司法改革在走回头路"②,或者叫

---

① 参见〔美〕道格拉斯·C.诺思:《制度、制度变迁与经济绩效》,杭行译,格致出版社、上海三联书店、上海人民出版社2008年版,第7页。
② 徐昕对法学理论界和司法实务界的这种悲观论调有一个总结和分析,可参见徐昕:《司法改革在走回头路吗?》,载《学习与探索》2010年第4期。

"三十年河东、三十年河西"①,这在很大程度上正是因为中国法院体制与司法环境中长期存在的一系列非正式规则的引导和影响。同时,最高人民法院在选择加强审判管理,特别是重点运用案件质量评估、质量评查并将其与审判绩效考核这一管理控制相结合后,这种方式其实一直在进行"自我强化",或者说已经形成对此种模式的"路径依赖"。也正是在此基础上,我们不得不承认,近十年来,法院内部的行政管理非但没有减弱,反而大大加强了,只不过这种加强比较具有隐蔽性。时至今日,由党和国家的最高政治层面推行展开的新一轮较为激烈的改革举措,通过强制性、权威性的国家权力予以推动,自然具有打破"路径依赖"的可能性,但其过程注定是艰难的、长久的。当然,其效果也尚待进一步的观察和分析。

第二节　中国司法评估未来发展的目标趋向

一、中国司法体制与机制的现代化改革

受现代化尤其是全球化的冲击与影响②,中国在某种程度上已经不可避免地走向西方意义上的"现代性"轨道。纵观晚清以来的历史不难发现,中国持续性地展开迈向现代性社会的结构性转变,政治、经济、社会、文化等领域在此期间显然已经发生了前所未有的变化,同时,需指出的是,迄今为止它依然是"一个未完成的方案"(An Incom-

---

① 参见江必新:《辨证司法观及其应用》,中国法制出版社 2014 年版,第 3 页。
② 按照吉登斯的断言,全球化在某种意义上就是"现代性的全球化",或者可以说,"现代性正内在地经历着全球化的进程"。See Anthony Giddens, The Consequences of Modernity, Stanford University Press, 1990, p. 63.

plete Project)(哈贝马斯语)。① 整体而言,当代中国的治理结构、权威来源与社会秩序虽然已经具备某种程度的现代性特征,但是由于制度变迁中的"路径依赖"特性,其中的传统性因素并未完全消弭,甚至在一定程度上仍然深刻影响着中国政治与社会领域的方方面面。有鉴于此,中国当前的主政者重点提出了"推进国家治理体系和治理能力现代化"的宏观战略。

当代中国的司法制度也依旧处于现代性与传统性交错并继续向现代性转型的情势之中,一方面,我们不能无视中国自改革开放以来的法治进步尤其是法院制度转型的成果,应当承认,中国当前的法院制度已经初具"现代型"法院之形式特征和相当之实质特征②;另一方面,我们必须正视的一个事实是,当代中国法院依然带有浓厚的传统性特征③,继续展开司法体制与机制的现代性转型乃当下中国主政者及司法高层的核心追求。④ 因此,在某种程度上,现代性已经成为评判

---

① 参见秦晓:《当代中国问题研究:使命、宗旨和方法论》,载《科学决策》2008年第5期。

② 比如当代中国已经实现司法职能的基本分离和相对独立,司法功能从单一走向多样化,"依法审判"已成为法院司法的基本原则,程序规范体系的初步具备,一定的职业化分工已然形成,等等。参见左卫民、周长军:《变迁与改革:法院制度现代化研究》,法律出版社2000年版,第171—180页。

③ 十多年前,就有学者总结了中国法院制度的传统性(前现代)特征,至今看起来这些特征仍未有显著改观,比如法院在人、财、物的管理上不能自治,司法活动多方受制,功能发挥有限,依法审判的虚置或异化,程序制度化并未真正确立,公民利用法院的权利尚不充分,司法的中立性不足,职业化程度不高,等等。参见左卫民、周长军:《变迁与改革:法院制度现代化研究》,法律出版社2000年版,第180—193页。

④ 2013年11月12日党的十八届三中全会通过的《中共中央关于全面深化改革若干重大问题的决定》明确要求深化司法体制改革,加快建设公正高效权威的社会主义司法制度。2014年7月9日最高人民法院公布的《关于全国深化人民法院改革的意见——人民法院第四个五年改革纲要(2014—2018)》则明确提出,改革的总体思路是紧紧围绕让人民群众在每一个司法案件中感受到公平正义的目标,始终坚持司法为民、公正司法工作主线,着力解决影响司法公正、制约司法能力的深层次问题,确保人民法院依法独立公正行使审判权,不断提高司法公信力,促进国家治理体系和治理能力现代化。在此,最高人民法院将下一轮司法改革的目标与"推进国家治理体系和治理能力的现代化"紧密关联起来。中央政法委书记孟建柱更是着重指出,各级政法机关要从推进国家治理体系和治理能力(转下页)

当代中国司法制度合法性/正当性的重要依据。依循这样的逻辑思路,必须恪守的一个基本立场是,当下及未来中国任何一项司法制度的确立、调适、整合或变革,都应当经受某种程度的现代性话语特别是现代司法理念的拷问。

从中国主政者及最高人民法院高层长期以来的意识和追求看,中国司法改革的目的在于构建中国特色的司法制度。这种司法制度实质上仍然是考虑学习、借鉴甚至在某些方面直接移植现代司法(法治)的价值理念和标准。当然,"中国特色"也意味着构建的新的司法制度也要立足于中国的政治、经济、社会和文化等诸多意识形态的语境性因素,特别是有关司法传统这种具有政治正当性的内容。正如杨建军所言:"司法变革不仅涉及司法制度本身,而且涉及与整个司法制度运行相关联的制度的衔接,涉及支配司法制度变革的价值选择、政治偏好和政治立场的确立。"①但无论如何,我们不得不承认,对来自西方的现代司法价值与理念的考虑在中国当前主政者的意识中显然已愈发强烈。

还需指出的是,由于司法价值观与价值主体的需求密切关联,因此,从长时段的历史过程上看,它是流变的、不稳定的。不同的历史时期可能会有不同的司法价值观,由此产生对司法定位、司法的意义的不同看法,进而影响具体司法实践中司法服务的价值表现形式。当价值主体的司法价值观发生变化时,相应的评估司法质量的标准及由此出发设立的评估指标也会发生变化。在此意义上,方可更为准确地理解为何当下需要改革司法评估体系。因为,正是在当前中国的具体语境下,国家与社会的司法价值观正在逐步转变,相应地,作为具体审判

(接上页)现代化的战略高度,增强改革的定力、信心和勇气,积极主动地抓好各项改革任务的落实。参见彭波:《孟建柱在司法体制改革试点工作座谈会上强调 凝聚共识攻坚克难 推进司法体制改革》,载《人民日报》2014 年 7 月 16 日,第 4 版。

① 杨建军:《司法改革的理论论争及其启迪》,载《法商研究》2015 年第 2 期。

管理工具及司法现代化建设评价工具的司法评估体系自然也应当随之作出调整。

二、中国司法评估机制改革与中国式法治现代化

马克斯·韦伯认为,在严密精算基础上进行理性化,乃资本主义的一个根本特色。① 海因斯同样认为,现代性理性权力治理方式的典型要素就是理性化的算计(calculation),并且认为这是现代性治理与传统性统治的分水岭。② 黄仁宇也曾指出,以大历史的观点,也就是从"技术的角度看历史"(technical interpretation of history),英美国家的特色在于整个国家可以以数目字管理,而传统中国最大的社会治理或统治问题乃未能实现"数目字管理",这似乎正是中国未能自发迈向近代化的主要原因。③ 从这些论断来观测,当前中国法院以计量化或数目字为特征的案件质量评估机制俨然具有西方意义上的"现代性"之神韵。

将现代化与中国司法评估机制的改革联系起来无疑是非常具有意义的。这种关联可以从两个方面分别予以考察。第一,中国司法评估机制作为法院审判管理、法治建设评估中的一项具体机制,其本身应该要进一步符合现代管理理性、科学与系统的要求。第二,中国司法评估机制应当在推动中国式司法现代化乃至法治现代化的问题上继续深入地有所作为。应当注意到,中国司法评估机制改革显然与司

---

① 韦伯对新教伦理和"严密精算的基础上进行理性化"的资本主义精神的分析,参见〔德〕马克斯·韦伯:《新教伦理与资本主义精神》,康乐、简惠美译,广西师范大学出版社2010年版,第49—51页。

② 参见〔英〕凯特·纳什、〔英〕阿兰·斯科特:《布莱克维尔政治社会学指南》,李雪等译,浙江人民出版社2007年版,第44页。

③ 参见〔美〕黄仁宇:《〈万历十五年〉和我的"大"历史观》,载〔美〕黄仁宇:《万历十五年》,生活·读书·新知三联书店1997年版,第239—253页。

法制度的现代化改革是一脉相承的，从属于中国法治现代化的框架。因此，必须以中国特色社会主义司法的基本理论为依归。在某种意义上，屡次出现在最高人民法院司法改革纲要中的司法评估机制也可以被视为与中国式司法现代化密切相关的一项制度，即通过这样一项制度的科学设计和有效运作，一定程度上可以保障和巩固中国式司法现代化的既有成果，抑或引导中国司法实践进一步向符合现代司法要求的方向迈进。①

三、中国司法评估机制的改革目标

最高人民法院提出要建立科学合理的司法评估体系。同时，提出了要废止违反司法规律的考评指标和措施，取消任何形式的排名排序。就具体的管理控制而言，最高人民法院仅仅规定要强化法定期限内立案和正常审限内结案，力图解决人为控制收案、结案的错误做法。就其预期功能而言，最高人民法院对司法评估体系的基本期望是，依托审判流程公开、裁判文书公开和执行信息公开三大平台，发挥其对法院公正司法的服务、研判和导向作用。

---

① 《最高人民法院关于开展案件质量评估工作的指导意见（试行）》明确指出，法院案件质量评估的目的在于正确把握审判形势、总结审判经验、增强审判能力、改进审判工作、推动国家法治化建设进程。同时，对于案件质量评估指标体系的建构，最高人民法院一直强调要遵循现代司法审判的固有规律、司法权的内在特征，等等。由此可见，最高人民法院案件质量评估体系的构建与运行，至少从预期功能上看与现代司法是存在紧密关联的。《人民法院第六个五年改革纲要（2024—2028年）》更是提出，要构建完善符合司法规律、务实管用的审判质量管理指标体系。其中所强调的符合司法规律，实际上就是要符合现代司法的基本要求。更为重要的是，《人民法院第六个五年改革纲要（2024—2028年）》的总体要求是"全面提升审判质量和效率，做实为大局服务、为人民司法，努力让人民群众在每一个司法案件中感受到公平正义，切实以高质量司法审判工作支撑和服务中国式现代化"。因此，中国司法评估机制的改革，特别是法院内部的审判质量管理指标体系的完善就是以审判工作现代化直接服务于中国式现代化的。

整体而言,最高人民法院关于司法评估机制的改革分为两部分:一是评估指标体系的改革,最高人民法院在《人民法院第六个五年改革纲要(2024—2028年)》中再次强调要建构完善符合司法规律、务实管用的审判质量管理指标体系;二是针对评估指标及评估结果的实践利用问题,最高人民法院要求废止违反司法规律的考评指标和措施,仅保留部分约束性指标,同时,今后要更加注重评估体系对公正司法的服务、研判和导向作用。换言之,最高人民法院的改革思路是弱化案件质量评估的管理功能,强化其评价功能。应当说,这是回归司法评估本质的正确做法。

事实上,针对案件质量评估的管理功能,较大幅度的改革已经开展了一段时间。早在最高人民法院提出废止针对法院案件质量评估排名排序之前,不少地方法院便已实施了相应的改革。比如,重庆市高级人民法院在2013年年底取消了中基层人民法院工作目标考核排名,2014年年初正式取消工作目标考核。① 江苏省法院也取消了审判质效考核。据报道,在取消了审判质效考核排名后,经统计发现,不少评估指标的评估值不降反升。② 最高人民法院在2024年修改《人民法

---

① 参见陈小康、刘洋:《改革绩效考核机制 变"成绩单"为"体检表" 重庆中基层法院全面取消考核排名》,载《人民法院报》2014年4月9日,第1版。

② 据记者调查发现,2014年,江苏全省法院受理案件1392440件,审执结1165234件,同比分别增长12.44%和9.52%。其中,江苏省高级人民法院同比分别增长32.45%和29.86%。全省法院执结标的金额达626.26亿元,创历史新高,同比增长40.14%。一线法官人均结案157.48件,同比增加16.18件。同时,各项指标反而体现出更健康。以较早取消考核的徐州两级法院为例,2014年新收各类案件140126件,同比下降1.35%;二审执结140736件,同比上升10.45%。从收结案比看,徐州市中级人民法院为90.39%,同比上升3.83%,基层人民法院为95.59%,同比上升10.11%。徐州市中级人民法院院长马荣解释说,这反映出在没有审判质效指标考评的状态下,广大法官并没有消极办案、拖延办案。同时还说明法官的办案效率有所提高,这与没有调解率、撤诉率、上诉率、案访比等办案质效考核指标有关。另外,基层人民法院调解案件的申请执行率同比也下降了16.34%,说明原告和被告双方依据调解书履行义务的比例上升,调解质量有了明显改观。参见娄银生:《没了"紧箍咒"办案更专心——江苏法院取消指标考核后审判质效情况之调查》,载《人民法院报》2015年3月21日,第1版。

院审判质量管理指标体系》时也特别强调,最高人民法院将减少通报频次,每季度数据会商后,随会商纪要下发指标数据通报。通报的仅是相关高级人民法院辖域内审判执行工作的运行情况,不涉及其他地区,更不包括排名信息。[1] 各下级法院的张榜排名也在逐渐消失,一线法官对此感受最为深刻。例如,广东省佛山市顺德区人民法院陈村法庭法官龚国旗在接受《人民日报》记者采访时就指出:"以前非常在意排名,哪怕某项数据已实际进入合理区间,但数据靠后也往往很不安。现在,一线法官不需要考虑数据问题,工作更加聚焦案件办理。"[2]

需要注意的是,从改革后短期内指标数据不降反升的现象来说明取消审判质效考核具有有效性,显然是不能完全令人信服的。一项制度调整的效果如何很大程度上需要经过相当长一段时期的观察才能得出较为客观和准确的答案,短期内较好的效果很可能仅仅是改革者为其进一步推进改革所做的"政绩工程"。事实上,这样的状况在中国司法改革的过程中并不鲜见。最高人民法院先前推行的不少改革举措,比如小额速裁等,在试点改革期间,部分地方法院的适用率之高令人惊讶,但《民事诉讼法》正式确立之后,不少法院适用特别慎重,前后的冷热差别十分明显。取消审判绩效考核是否也存在这样的问题,值得进一步观察和思考。总之,全面取消审判绩效考核究竟利弊如何,需要较长一段时间的观察才能得出结论,短期内仓促下结论并不是一种科学的做法。

最高人民法院目前实施的改革举措仅限于案件质量评估管理功能的相关方面,改革的主要内容是取消对法院案件质量评估结果的排名,弱化考核,而有关指标体系的改革完善仍在紧锣密鼓地展开。对

---

[1] 参见王丽丽:《把符合司法规律的审判管理做优,把为基层减负做实——最高人民法院审管办负责人就〈人民法院审判质量管理指标体系〉修订情况答记者问》,载《人民法院报》2024年9月30日,第2版。

[2] 魏哲哲:《一线压力减 审判质效增》,载《人民日报》2025年3月28日,第10版。

于当前法院案件质量评估机制有关管理方面的改革措施,笔者有以下几点评价。

其一,取消排名意味着最高人民法院从可比性角度在案件质量评估结果能否用于管理的问题上有了更为正确的认识。从本质意义上讲,在中央集权统一的区域内,由于遵守同一套法律制度,法院案件质量评估存在着统一的评判标准,即从认识论角度讲,不同地区法院案件质量评估是有可比性的。但是,从管理上来讲,这种可比性或可排名性是值得探讨的。绩效考核的管理策略能够真正有效发挥作用的前提是,必须针对同一规格、同一种类事物(比如产品)进行考核,不同人因勤勉度、工作能力差异会呈现出不同工作结果。但就法院案件质量评估而言,同级法院之间,尤其是各省法院之间的区域情况、案件复杂程度千差万别,法院收案多少、个案客观上需要投入多少司法资源、被执行人最终有无财产可供执行等问题都存在显著差异,因此很难说具有可比性。因为很多问题并不能归因于法官勤勉度和工作能力,故而就此展开"奖惩"式的管理自然就是不合理的。显然,最高人民法院弱化案件质量评估的管理取向,意味着其正确意识到将评估结果运用于管理时在可比性问题上有明显的局限性。

其二,取消排名、弱化考核意味着更符合司法规律。应当承认,取消排名、弱化考核是最高人民法院带有"壮士断腕"意味的自我限权改革举措,代表着最高人民法院让审判工作回归司法本质属性及推进司法严格的决心和勇气。① 取消排名,弱化考核至少有两个方面的重要作用:一是一定程度上有助于淡化各级法院对考核排名的重视程度,让法院工作的量化更贴近客观真实,从而保证案件质量评估工作的展开,并且基于此得出比较客观真实的案件质量综合指数。二是取消排名,弱化考核,这也是坚持依法治国的时代主题、推进司法去行政

---

① 参见吴仕春:《取消考核排名,实现司法管理新常态》,载《人民法院报》2014年12月30日,第2版。

化改革、尊重法官主体地位、为基层人民法院和一线法官减负的举措,有利于建立科学的司法政绩观,促进司法的公正高效,也有利于调动广大办案法官的工作积极性,维护当事人的合法权益。

其三,取消排名、弱化考核并不意味着法院案件质量的客观要求不再存在。应当看到,针对法院绩效、法官绩效的考核在中国司法实践中是长期存在的,而且也是法院管理的一种基本方式。同时,中国长期以来的争优文化仍会持续影响法院。换言之,针对司法的绩效考核实际上早已有之。这些考核方式是我国选拔精英进行社会治理的必要方式。而目前之所以暴露出如此严峻的问题,是因为为了突出政绩而在数字上弄虚作假,这既无益于法院系统管理,也消耗了民众对司法的期待,如年底不立案、久调不结等情况突出。但另一方面,法院内部有自己的考核记录,真实反映了该法院、法官的判案情况,并且对法官的个人升迁有着实质影响。所以,法院从来都不是不需要考核,而是需要能够如实反映工作质量的考核;法院也并非没有反映工作质量的考核,而是不对外公布这种考核结果。①

其四,取消排名、弱化考核并不等于放松审判管理、弱化审判监督,而是让审判管理、审判监督更加高效精准。虽然取消了案件质量评估的考核排名,但事实上对审判工作的要求并未降低,反而对法院工作提出了更高的要求。同时,虽然取消排名,但是仍有审限等若干必要的约束性指标。在当前中国的司法环境下,取消排名后,管理与监督虽然表面上看似弱化了,但实际上,由于"命令—控制"的强势存在,管理和监督并没有实质性地改变。或者说,其是以一种更为隐蔽和非正式的方式继续存在。同时,在案件质量评估和考核之外,上级法院仍需对下级法院进行指导,并且这种指导在抽象层面得到了加强,如对法院的文化建设、法院工作人员业务素质、宣传报道等诸多方

---

① 一般法院都会有两套考核数字,一套是对外公开,并提交至上级法院的;另一套不对外公开,甚至不提交给上级法院。真正能够反映判案情况的是后者。

面给予指导帮扶。①

第三节 司法评估机制改革的系统展望

虽然有不少学者和实务界人士均对司法评估机制提出了严厉批评,甚至建议最高人民法院取消这一做法。但就当前的形势而言,案件质量评估对于法院审判运行态势的把握并以此为法院的审判工作管理、决策提供依据的作用是十分明显和重要的,同时,对于部分内容的考核在很大程度上也符合法院管理运作的现实需要,且由于之前法院已经在人力、物力上对案件质量评估机制的构建投入了大量资源,特别是对评估管理软件的投入,都已达到相对完善的水准。而且从实践效果层面来看,司法评估也可以在一定程度上对法官的违规、违法行为起到监督作用,对司法服务产品的质量也能够起到一定程度的控制作用。更为重要的是,这种导向性的评估机制特别是评估体系对于控制法官围绕一定时期内法院组织目标而努力的作用是十分明显,契合了党和国家对法院组织(通过法院院长)管理法官、实现组织目标的需要。因此,未来司法评估应当会继续发挥其评价功能和适当的管理功能。

笔者以为,党的十八届三中全会强调"建立科学的法治建设指标体系和考核标准","法治评估"在当下中国似乎有着兴盛与备受推崇之势②,司法评估(在某种程度上可视为从属于"法治评估"专项内容

---

① 参见刘勋:《取消考核,让监督更加高效精准》,载《人民法院报》2015年1月1日,第2版。

② 党的十八届三中全会强调建立科学的法治建设指标体系和考核标准,这是党关于全面深化改革中推进法治中国建设的重要内容,这对于"维护宪法法律权威",全面推进"法治中国"建设,实现"推进国家治理体系和治理能力现代化"意义重大。在这一决策出台前,不少地方政府就已经展开了法治评估、法治指标与法治指数的实践,最具代表性的就是早在2008年就开始实施的浙江省"余杭法治指数"。与此同时,近年来学界对"法(转下页)

的"司法评估"),在总体改革方向上可以考虑借鉴法治评估、法治建设评估的理论与方法,并且逐渐纳入法治建设评估的整个体系之中。具体而言,中国司法评估机制改革可以考虑从以下几个方面展开:

一、评估主体的选择

评估主体的选择是司法评估机制改革的重要内容。目前改革的一个基本的争议是,是否需要有法院外部的因素参与评估,甚至是否有必要设立一个专业的评估司法的机构。这其实要解决评估的中立性或独立性的问题。当前中国的法治评估正是由于其评估主体的非中立性,遭受了严厉的批评。比如,陈林林就指出,在目前中国"晋升锦标赛"盛行的现实语境下,法治评估的内部模式存在很大问题:"一个地区的法治指数的公信力,不仅取决于那个指数是如何评估出来的,更取决于是由谁来主持评估的。""政绩取向和竞争力比拼,决定

(接上页)治评估"特别是对其指标体系的探讨也越来越热闹。比如有较高规格的法治评估国际研讨会。参见王斌、王开广:《中外专家为法治评估建言献策——"法治评估:普遍性与特殊性"国际研讨会综述》,载《法治日报》2014年6月4日,第12版。有核心期刊专门组稿讨论了"法治中国建设评价指标体系"。参见《湖南大学学报(社会科学版)》2014年第4期的三篇文章,分别为冯家亮:《法治建设指标体系的建构路径》,唐双娥:《法治中国建设评价实践的源流、经验与展望》,胡荣才、屈茂辉:《法治湖南建设评价指标体系的建构思路与框架》。有权威报纸整版刊登学者关于法治指数的文章。参见《光明日报》2013年4月9日第11版刊登的三篇文章,分别为姚建宗:《法治指数设计的思想维度》,钱弘道:《法治指数:法治中国的探索和见证》。更有国家社科基金、教育部课题支持"法治评估"相关问题的研究。如中国人民大学朱景文教授主持的2012年度国家社科基金重大项目:"法治评估创新及其在中国的推广应用研究";广州大学董皞教授主持的2011年度国家社科基金重大项目:"我国司法体制改革评价指标体系研究";浙江大学钱弘道教授主持的2013年度教育部哲学社会科学研究重大攻关项目"中国法治政府建设指标体系研究",2013年度国家社科基金重点课题"司法透明指数研究",等等。这些课题推动了一大批学者深入研究法治评估、法治指标、法治指数或者法治评估中某一专项评估与指标、指数。上述种种迹象充分表明,法治评估、法治指数在中国越来越受重视和推崇。

了指数评估'只能高不能低'的事前思维。"①事实上,这样的情况在司法评估实践中也可以发现,特别是关于指数评估"只能高不能低"的思维几乎随处可见。学界目前批评司法评估无法真正实现科学评判的一个重要理由是评估者的中立性不够,认为这是一种内部的自我评价,具有内部主体评估的种种缺陷和弊端,特别是容易过分夸大自身的成绩。② 正因如此,为了解决评估机构的中立性问题,有的学者建议设立一个独立的专业评估机构,由理性的评价主体应用合理的评价标准进行。③

笔者认为,整体上而言,在评估主体的选择上应逐步实现评估主体的相对中立化和多元化,让更多体现社会因素的外部主体参与评估,另外可以委托专业的第三方调查机构进行评估分析,并请法官、法学教授、律师及对司法工作有所了解的社会人士共同参与。此外,法院内部自我评估与外部主体的评估应当并行,互为观照。第一,案件质量评估作为法院评判自身工作的重要指标,法院最为清楚,也最有评估意义。法院可以从自身评估中了解自身优劣。第二,由于法院评估可能存在伪造弊端,因此,需要专业机构对法院工作进行评估,这也是社会监督的重要组成部分。专业机构的评估比法院自身评估更能保持中立,也可以作为法院提高工作质量的参照标准。但毕竟法院是一个独立的审判主体,如果完全依赖专业机构评估,可能导致专业机构"挟持"司法的弊端,因此,在这个意义上,专业机构的评估结果对法院有且只有参考价值。

---

① 陈林林:《法治指数中的认真与戏谑》,载《浙江社会科学》2013年第6期。
② 参见张保生、郑飞:《世界法治指数对中国法治评估的借鉴意义》,载《法制与社会发展》2013年第6期。
③ 参见楼伯坤:《应创设科学评估司法公正效能的专业机构》,载《人民法院报》2014年7月30日,第5版。

二、评估标准的明确

评估的目的和标准过于繁琐就会顾此失彼。相对于物质性产品的标准而言,作为精神性产品的司法裁判效率评价本质上是主观评价,评价标准往往难以统一,根据不同的标准可得出不同的结论。正如前文所述,目前中国司法评估的评估标准首先依据既有的法律规定,但同时作为评估者的法院也创设了一定标准,多种标准杂糅在一起,使司法评估的标准趋于模糊,无法突出重点和反映司法规律,给指标设计带来诸多困难。笔者认为,从制度层面看,司法质量的评判标准都只有一个,即是否合乎法律规定(合法律性),其中既包括实体上的合法性,也包括程序上的合法性。中国司法评估标准应当以司法的公正性、高效性、权威性为主,即以合法性、反映司法权"依法司法"的本质为主,特别是注意法律制度层面已构建的体现现代司法理念的程序规范,在此前提下适当兼顾中国司法现实需要。

整体而言,司法评估的标准应该是以司法的公正性、高效性、权威性为核心要求和根基。这也完全契合了党中央相关文件精神的要求。党的十八届三中全会通过的《中共中央关于全面深化改革若干重大问题的决定》明确指出:深化司法体制改革,加快建设公正高效权威的社会主义司法制度,维护人民权益,让人民群众在每一个司法案件中都感受到公平正义。作为司法改革的目标与方向——"公正、高效、权威",不仅为我们的改革指明了方向,也成为我们对司法、司法改革进行综合评价的基本标准。司法制度越公正,司法越高效,司法越是权威,改革就越接近目标,也就越成功。因此,毫无疑问,"公正、高效、权威"在我们的评价指标体系中具有基础性的意义。这种基础性就在于,作为司法改革目标与方向的"公正、高效、权威",本身就是司法价值的体现,从根本意义上,就是为了让司法充分发挥价值,为社会服务。因此,我们对司法、司法改革进行评价,本质上也就是考查我们的司法制度建设或司法改革在多大程度上释放了司法能量,司法改革所构建的体制与系统在多大程度上为充分发挥司法价值做出了贡献。

需要指出的是,如果司法公正、高效与权威仅仅对于司法制度建设与司法改革具有目标价值,而与我们的评价指标没有内在联系,那么它们就不属于我们研究司法改革评价指标的范畴。但是,通过研究发现,评价指标体系不仅与司法公正、高效与权威有着密切关系,甚至可以说评价指标体系本质上是由司法公正、高效与权威决定的,虽然在技术细节上并不是其直接决定。具体而言,"公正、高效、权威"作为司法评估指标体系的基本标准体现在以下两个主要方面:

第一,公正、高效、权威是评估指标体系之精神。从技术上看,司法评估指标体系具有统计学上的结构特点。这种统计学的结构特点并不能掩盖其内在精神实质。我们为什么要对司法、司法改革进行评估,评估的依据是什么,这些是整个司法评估的核心问题,其必须以一个精神内核统领。换句话来说,整个指标体系为什么可以构成一个体系,原因不在于体系本身的结构特征,而在于该结构的各个部分精神上的统一性。这种统一性在于它们都是围绕公正、高效、权威而展开的。也就是说司法公正、高效、权威是评估指标体系的精神内核,对司法、司法改革进行评价就是围绕此三者展开的。

第二,公正、高效、权威决定了评估指标体系的结构。确立公正、高效、权威为完善司法评估指标体系的精神内核,不仅具有指导意义,而且对于构建评估指标体系也具有重要的决定性价值。公正、高效、权威,虽然可以作为司法改革之目标,但是这些词语本身构成一个价值体系,因此建立一个以价值体系为核心的评价体系,就意味着必须更多地进行"还原",即通过某些体现这些价值的指标来实现价值评价。换句话说,就是"公正、高效、权威"中的每一个价值都转化为更为具体的指标,通过这些指标来最终测度司法改革在公正、高效、权威方面所取得的进步与成果。在深化司法体制改革,加快建设公正高效权威的社会主义司法制度这一总目标下,对《中共中央关于全面深化改革若干重大问题的决定》《中共中央关于全面推进依法治国若干重大问题的决定》中有关司法体制改革的具体内容进行整合,按照两个决定重点关注的领域凝练指标。

三、评估指标的设计

整体而言,中国司法评估指标体系的设计应当坚持系统性、有效性原则,并且考虑关键性的评估指标。具体而言,应采取类型化的处理方式,针对不同诉讼类型、案件类型设计不同的指标,赋予不同权重,并且基于一定的逻辑结构进行组合。

在总体层面,应当将司法评估的案件划分为调解类案件与判决类案件两种类型,设定不同评估指标。调解和判决二者属于不同范畴,理论上应当区别对待、分别评估。判决案件与调解案件有着不同的程序构造。① 同时,在实体法适用问题上,调解也具有相当大的灵活

---

① 就民事诉讼而言,王亚新指出,以取得当事人和解或同意为目标、追求实质正义的调解型审判模式与在程序展开的基础上以获得一个"非黑即白"的判决为目标、追求形式正义的判决型审判模式之间存在本质性差异。二者是两种完全不同的程序结构,依循完全不同的运行逻辑。调解型的程序结构没有一个必须如此的步骤和框架,具有弹性和个性化,其判决正当性来源于当事人对案件结果的认可和实体正义。而判决型的程序结构与之完全相反,不仅有一套建立在司法独立、审判公开等原则上的严格程序,而且其判决正当性来源于法官中立基础上的程序正义。无偏私的裁判者让举证者承担直至败诉判决这种不利判断的举证责任制度,当事人负责证据的提供和证明庭审中的直接言辞和辩论原则,审级制度及初审和上诉审的分工等具体制度的设立,也正是为了确保当事人主义主导下的程序正义的实现,因此该制度是判决型审判模式正当化的制度体现。参见王亚新:《论民事、经济审判方式的改革》,载《中国社会科学》1994年第1期。

性,从严格依照实体法规范达成调解协议,到协议内容虽然并不符合实体法的规定,但也并不为法律所禁止就都是允许的。因此,调解案件的实体合法性的范围要比判决宽得多。[1] 审判以依法为原则,不"从它所指向的对象那里取得合法性"[2]。其合法性建立在立法上。[3] 以确认规则、取得判决的自洽性和合法律性为主要功能。而调解案件以自愿为原则,以当事人及相关人员的承认、认可、接受为基础,以解决纠纷、取得纠纷解决的可接受性为主要功能。

因此,就调解类案件而言,对其质量的观测与评估相对而言比较简单,比如,通过设计调解成功率和当事人调解后反悔的再审率的评估指标,可以比较准确地反映调解类案件的质量。而判决类案件则可以划分为刑事判决类案件、民事判决类案件与行政判决类案件三种。就具体评估指标而言,应严格按照"合法律性"的评估标准设计实体公正的评估指标、程序公正的评估指标。

还需要考虑审判公正指标与审判效率指标的问题。笔者以为,司法评估体系中单独将审判效率指标设计为二级指标,很大程度上并不是从评估、评价角度考虑,而是基于法院解决"案多人少"矛盾的价值诉求,并且从管理角度展开设计的。事实上,有关审判效率指标的内容可以纳入程序公正的范畴,比如法定期限内立案率、法定期限内结案率,均属于程序法上的审限范畴,从理论上看则属于程序及时性的范畴。中国法院对审判效率的过度重视事实上已经引起了学界的关

---

[1] 尽管调解案件的界域相当宽广,但从我国法院调解的实践看,调解协议内容完全符合实体法规范的情形并不多见,属于完全脱离实体法规范但又未违反法律这一中间状态的以及违反法律的亦为少数,大多数情形属于不完全适用实体法规范。参见李浩:《民事审判中的调审分离》,载《法学研究》1996 年第 4 期。

[2] 〔美〕马修·德夫林编:《哈贝马斯、现代性与法》,高鸿钧译,清华大学出版社 2008 年版,第 53 页。

[3] 参见〔德〕哈贝马斯:《在事实与规范之间:关于法律和民主法治国的商谈理论》,童世骏译,生活·读书·新知三联书店 2003 年版,第 296 页。

注，招致了一些批评。① 相较于审判效率，我国当前司法所面临的主要问题是司法公正问题。实践中，近年来公众对焦点案件裁判不公的强烈反映足以印证这一观点。从这个层面上来看，对审判公正指标应当予以高度关注，审判效率指标则不应作为重点关注对象。

此外，评估指标的设计还应当考虑客观指标与主观指标相结合。进一步完善既有的客观指标，同时构建完善的主观指标体系，以程序正义中较为重要的法官中立性这一案件质量评估指标为例，可以设计专门的主观指标，具体的评估方式比如通过对参与庭审的当事人、旁听群众的问卷调查完成。

四、评估结果的利用

当前评估结果作为法院进行审判运行态势分析的研判依据，并为法院未来的"战略管理"提供参考，评估的重点肯定值得进一步追寻。评估结果是否还需要继续作为直接考核控制使用，仍值得探讨。弱化案件质量评估之管理功能的理论依据是司法独立或法官的主体性，但法官独立同样要立足于所遴选的法官素质、能力各方面达到了较高水平，并值得信任。事实上，近十年以来，作为整个法院系统的司法政策，以"审判管理"为名，法院加强了对法官个人的控制，这很大程度上

---

① 比如李浩指出，西方主要国家的民事司法改革，是在司法公正和司法权威的问题已经基本解决的情况下进行的，其司法制度存在的主要问题是诉讼迟延和诉讼成本过高，所以其司法改革的矛头自然就对准了以上两个问题，期望通过加快诉讼速度、降低诉讼成本来使司法更好地服务于民众，使民众更容易、更方便寻求和获得司法救济。而我国面临的问题同西方国家不同，一方面，司法公正问题仍然是一个相当大的问题且时有发生，民众对司法的信任度不高；另一方面，法院处理案件的速度相当之快，基本上不存在上述困扰国家的诉讼大面积迟延问题。既然如此，我国的民事司法改革就不必像西方国家那样把提速作为改革的主要方向与目标，而应当朝着另一个方向进行改革，即适当地放慢速度，给当事人行使诉讼权利和法院审理案件预留充足的时间，为当事人提供充分的程序保障。参见李浩：《宁可慢些，但要好些——中国民事司法改革的宏观思考》，载《中外法学》2010年第6期。

在于法官的个人素质、能力及其从事审判业务的具体环境表明,目前还没有到能够真正或完全由法官独立审判的时机。法院对运用绩效管理方式促进案件质量提升的重视一定程度上就源于此。① 同时,从信息学和知识学的角度来看,事前的法官选拔制度越有效,事后的法官管理和激励制度就越不重要;反之,事前的法官选拔制度越没有效果,事后的法官管理和激励制度就越严格、越重要。② 因此,一个较为可取的做法是,在法官素质及能力尚未得到有效提高的情况下,部分评估指标特别是体现案件质量核心内容的指标,其评估结果还应当作为考核依据使用。当然,当下中国正在展开法官遴选制度改革,如果未来法官素质和能力得到大幅提升,案件质量评估结果则可以为法官"自我管理""自我控制"提供参考。

五、司法大数据与人工智能时代的司法评估机制变革

随着大数据时代与人工智能时代的到来,司法评估机制必将迎来革命性的变化。有几个重要因素可以支撑数字化时代中国司法评估机制的革新。一是以裁判文书大数据、审判业务管理大数据等各类数据为支撑,可以更为精细地对司法运行状况进行系统评估。也就是说,这些大数据为司法评估的精细化、客观化、科学化实施提供了强大的数据基础。二是人工智能技术的发展为司法评估提供了深度挖掘技术的支撑。应当看到,大数据技术的应用能够在很大程度上改变传统司法评估体系自上而下的单一建设逻辑,能够提高司法数据的数量

---

① 参见冯磊:《中国的法院最大化什么?——以 S 市中级人民法院的工作考核制度为视角》,载张卫平、齐树洁主编:《司法改革论评》(第十一辑),厦门大学出版社 2010 年版,第 95 页。

② 参见张军主编、最高人民法院研究室编著:《人民法院案件质量评估体系理解与适用》,人民法院出版社 2011 年版,第 20 页。

和质量,实现司法评估的跨界分析。①

在数字化时代,左卫民提出了应当迈向"自科法学"的倡议,这是在已有的法律实证研究、计算法学的基础上的升华,特别强调的是在思维理念上的变革,即这种新的法学研究范式不是简单借助统计工具解决传统法学研究的问题,而是力图打造具有科学思维属性的法学知识,并在逻辑和实验的二元结构下建立新的法学研究体系。②

总之,在数字化时代的背景下,应当充分利用大数据、人工智能等新一代信息技术,构建司法大数据与智能系统,着力推进司法评估的进一步科学化、客观化。具体而言,在司法大数据与智能评估系统中,需要重视以下两方面的系统构建。

其一,对于司法质量特别是与案件相关的司法质量评估完全可以通过审判管理系统及裁判文书大数据挖掘获取相应数据,应当着力构建裁判文书大数据系统。一方面,可以采用中国裁判文书网或者北大法宝案例库的相关数据,具体的数据处理也可以分为两种:一种是对于一些已经结构化且可以用逻辑概括的数据,如案号、文书类型、审理法院等,可以通过计算机编程、人工智能识别等方式进行统一处理;另一种是对于难以用计算机编程、人工智能识别的数据,如是否改判、改判理由等,则通过人工提出数据并建立数据库。另一方面,可以通过各地统计年鉴、互联网搜索等方式获得相关公开数据。需要注意的是,不管是通过何种方式采集数据,都存在一定的局限性,特别是采集中国裁判文书网或者北大法宝案例库数据的方式更是具有相当程度的局限性。这主要表现为:一些数据没有在裁判文书中记载,例如,有些裁判文书中记载了被告人的户籍地,有些则没有记载。另外,由于

---

① 参见郑智航、曹永海:《大数据在司法质量评估中的运用》,载《吉林大学社会科学学报》2023年第2期。

② 参见左卫民:《大数据时代法学研究的谱系面向:自科法学?》,载《政法论坛》2022年第6期。

并不是所有的裁判文书都在网上公布,特别是受隐私权、个人信息权益保护及数据安全保障等法律法规的影响,裁判文书上网率近年来呈现下滑趋势。因此,通过中国裁判文书网获取相关数据并不一定能够反映某地的实际情况。在此情况下,要对大数据挖掘所得出的评估结果作出必要的说明,并且保持审慎的态度。

其二,对于某些无法通过中国裁判文书网获取的数据评估,可以通过大数据挖掘进行智能评估的指标,包括客观指标、主观指标等,可以考虑在建构相关要素知识图谱的基础上,充分运用大数据技术进行数据采集并运用智能评估系统展开评估。例如,评估公安机关和司法机关在打击犯罪方面的成效,包括司法审判惩罚犯罪、维护社会治安的效果,也可以考虑通过评估居民的生活安全感来实施。对于人身安全感、财物安全感、隐私与信息安全感,均可以进行大数据挖掘。例如,人身安全感可以考察居民夜间出行的情况,而居民夜间出行情况则可以选择三种数据来源:①基于手机基站切换数据;②基于滴滴、美团用户数据;③基于"微信运动""微博运动"数据。具体来说,如果以手机基站切换数据来评估,可以提取某一用户夜间8点至凌晨2点的基站编号数据。一般而言,较晚的时段(例如凌晨1—2点),用户已经入睡,与用户手机连接的基站编号趋于稳定,稳定基站所在地可视为用户居住地。基站编号进入稳定状态的初始时刻可视为用户回到居住地(且不再出行)的时间(即"回家时间")。某一区域大量居民的"回家时间"应当遵循正态分布,可通过 Matlab 软件拟合出正态分布函数,得出正态分布的数学期望和方差。该数学期望值就是特定区域居民夜间"出行"与"在家"的临界时间点。临界时间点越晚,说明该区域居民夜间出行时间越晚,个人人身安全感越强,反之亦然。①

---

① 参见彭宵:《大数据治安安全感测评体系建构刍议》,载《法治论坛》2022年第1期。

结　论

中国司法评估机制改革是在全面推进依法治国的现实背景下,作为中国司法制度进一步现代化改革的重要组成部分而展开的。这种改革至少可以从两个层面来理解。第一,改革的背景是,执政党和国家乃至于整个社会关于司法价值观念正在逐步发生改变,具体表现为对司法本质的认识更为深刻,更符合现代司法的基本理念。第二,以司法价值观念的改变为基础,从而展开制度与技术的具体改革,即改革司法体制与机制使得司法更加符合司法规律的一般要求,特别是改革既有的司法机制体制以符合法官依法独立审判(主体性)的要求。中国司法评估机制,特别是法院案件质量评估、审判质量管理属于一种认识与评价法院司法服务水平高低或服务质量好坏的工具,它强烈地依赖司法价值观的变化。而司法评估的结果利用包括法院案件质量评估结果的利用,特别是由此展开的审判管理控制功能的发挥,与国家和社会对法官依法独立审判理念的认知相勾连,国家和社会对法官主体性地位理念重要性的认知度越高,司法评估的管理功能就越弱,反之亦然。

只有准确地认识和把握以上两点内容,才能够更为深刻地理解为什么最高人民法院在弱化考核并且取消排名之后,仍然提出要建构科学合理的法院案件质量评估体系。其中的逻辑正是在于,新的历史背景下,党和国家对法院处理的案件质量有了更为准确、恰当,或者说更符合司法规律的认识,这也正是本书所指出的司法价值观发生了变化。从根本意义上讲,正是因为当下中国的司法价值观发生转变,先前的司法评估机制特别是法院案件质量评估体系才需要进行相应的改革。具体而言,在先前较长的一段时间内,我们对司法质量的理解更多地体现在案件处理的结果和影响上,特别是其社会效果和政治效果,这实际上是一种传统的纠纷解决的基本立场和价值取向。而在全面推进依法治国、推进国家治理能力和治理方式现代化的宏观语境下,我们对司法质量的理解则更多体现在司法裁判的公正性、公平性上,这实际上意味着国家对司法的认识和理解更多向"规则之治"的现代司法理念转变。在这样的新形势下,自然就有必要重构当前的司法评估机制特别是法院内部的司法评估体系,按照《人民法院第六个五年改革纲要(2024—2028年)》的要求,构建完善符合司法规律、务实管用的审判质量管理指标体系。

最后需要指出的是,未来中国司法评估机制特别是法院内部评估体系的结局如何,或者其究竟该何去何从,都要随着对相应的司法改革措施效果的分析来把握,也与中国司法所处的宏观政治、社会与文化环境的变化密切相关。总之,改革任重道远,需要在通过实证研究准确把握各方面情况的基础上为未来选择正确的道路。

参考文献

一、外文译著

《马克思恩格斯全集》(第1卷),人民出版社1995年版;

〔美〕曼瑟尔·奥尔森:《集体行动的逻辑》,陈郁等译,上海人民出版社1995年版;

〔美〕W.理查德·斯科特:《组织理论》(第4版),黄洋等译,华夏出版社2002年版;

〔美〕博登海默:《法理学:法律哲学与法律方法》,邓正来译,中国政法大学出版社2004年版;

〔美〕西奥多·H.波伊斯特:《公共与非营利组织绩效考评:方法与运用》,肖鸣政等译,中国人民大学出版社2005年版;

〔英〕凯特·纳什、阿兰·斯科特主编:《布莱克维尔政治社会学指南》,李雪等译,浙江人民出版社2007年版;

〔美〕庞德:《法理学》(第2卷),邓正来等译,中国政法大学出版社2007年版;

〔美〕塞缪尔·P.亨廷顿:《变化社会中的政治秩序》,王冠华等译,上海人民出版社2008年版;

〔美〕道格拉斯·C.诺思:《制度、制度变迁与经济绩效》,杭行

译,格致出版社·上海三联书店·上海人民出版社 2008 年版;

〔德〕马克斯·韦伯:《新教伦理与资本主义精神》,康乐、简惠美译,上海三联书店 2019 年版。

二、中文著作

黄仁宇:《万历十五年》,生活·读书·新知三联书店 1997 年版;

苏力:《送法下乡——中国基层司法制度研究》,中国政法大学出版社 2000 年版;

王利明:《司法改革研究》,法律出版社 2000 年版;

左卫民、周长军:《变迁与改革:法院制度现代化研究》,法律出版社 2000 年版;

冯象:《政法笔记》,江苏人民出版社 2004 年版;

王亚新等:《法律程序运作的实证分析》,法律出版社 2005 年版;

齐二石主编:《公共绩效管理与方法》,天津大学出版社 2007 年版;

俞可平主编:《国家治理评估:中国与世界》,中央编译出版社 2009 年版;

张五常:《经济解释(卷1):科学说需求》(神州增订版),中信出版社 2010 年版;

公丕祥主编:《审判管理理论与实务》,法律出版社 2010 年版;

薄乔萍:《效度与信度》,东华书局 2010 年版;

王振东:《韦伯:社会法学理论》,黑龙江大学出版社 2010 年版;

罗东川、蒋惠玲主编:《探寻司法改革的成功之道——亚太经验》,黄斌、支振锋、徐宗立等译校,中国政法大学出版社 2010 年版;

最高人民法院办公厅编:《大法官论审判管理》,法律出版社 2011 年版;

北京市第一中级人民法院编:《法院审判与管理实务问题研

究》，法律出版社 2011 年版；

公丕祥：《当代中国的审判管理——以江苏法院为视域的思考与探索》，法律出版社 2012 年版；

牛敏主编：《人民法院审判运行机制构建——成都法院的探索与实践》，人民法院出版社 2012 年版；

彭小龙：《非职业法官研究：理念、制度与实践》，北京大学出版社 2012 年版；

徐清宇主编：《审判管理理论问题研究》，法律出版社 2012 年版；

钱锋主编：《审判管理的理论与实践》，法律出版社 2012 年版；

王晨编著：《审判管理体制机制创新研究》，知识产权出版社 2013 年版；

孙海龙编著：《深化审判管理》，人民法院出版社 2013 年版；

沈志先主编：《法院管理》，法律出版社 2013 年版；

王晨编著：《审判管理体制机制创新研究》，知识产权出版社 2013 年版；

董皞等：《我国司法评价指标体系研究》，中国政法大学出版社 2020 年版；

孙晓东：《司法评估理论与实务研究》，知识产权出版社 2020 年版；

张保生等：《司法评估论》，法律出版社 2025 年版。

三、中文期刊

王亚新：《论民事、经济审判方式的改革》，载《中国社会科学》1994 年第 1 期；

李浩：《民事审判中的调审分离》，载《法学研究》1996 年第 4 期；

贺卫方：《中国司法管理制度的两个问题》，载《中国社会科学》1997 年第 6 期；

苏力:《农村基层法院的纠纷解决与规则之治》,载《北大法律评论》1999 年第 1 期;

王亚新:《纠纷、秩序、法治——探寻研究纠纷处理和规范形成的理论框架》,载《清华法律评论》(第 2 辑),清华大学出版社 1999 年版;

张卫平:《论我国法院体制的非行政化》,载《法商研究》2000 年第 3 期;

陈卫东、韩兴红:《以法官独立为核心推动我国法官制度的现代化》,载《人民司法》2002 年第 2 期;

苏永钦:《反思台湾司法改革的经验》,载苏永钦:《走入新世纪的宪政主义》,元照出版社 2002 年版;

贺卫方:《中国的法院改革与司法独立——一个参与者的观察与反思》,载《浙江社会科学》2003 年第 2 期;

夏锦文:《世纪沉浮:司法独立的思想与制度变迁——以司法现代化为视角的考察》,载《政法论坛》2004 年第 1 期;

张建伟:《等级制与法官》,载苏泽林主编:《法官职业化建设指导与研究(总第 3 辑)》,人民法院出版社 2004 年版;

熊艳峰:《浅议立法后评估的制度化》,载《长沙民政职业技术学院学报》2006 年第 2 期;

江必新:《司法绩效综合评价的实践与思考》,载《中国审判》2006 年第 8 期;

喻中:《吴经熊与马锡五:现代中国两种法律传统的象征》,载《法商研究》2007 年第 1 期;

陈瑞华:《刑事程序失灵问题的初步研究》,载《中国法学》2007 年第 6 期;

胡铭:《刑事司法的国民基础之实证研究——一项基于城市问卷调查的分析》,载《现代法学》2008 年第 3 期;

艾佳慧:《中国法院绩效考评制度研究——"同构性"和"双轨制"的逻辑及其问题》,载《法制与社会发展》2008年第5期;

秦晓:《当代中国问题研究:使命、宗旨和方法论》,载《科学决策》2008年第5期;

余杭法治评估体系课题组:《法治量化评估的创新实践——余杭法治报告》,载《中国法治发展报告No.6（2008）》,社会科学文献出版社2008年版;

艾佳慧:《法院需要什么样的人事管理》,载《法律适用》2008年第10期;

张文显:《人民法院司法改革的基本理论与实践进程》,载《法制与社会发展》2009年第3期;

泮伟江:《现代司法的分析与建构——一种法的系统理论的尝试》,清华大学2009年博士学位论文;

李浩:《宁可慢些,但要好些 中国民事司法改革的宏观思考》,载《中外法学》2010年第6期;

冯磊:《中国的法院最大化什么?——以S市中级人民法院的工作考核制度为视角》,载张卫平、齐树洁主编:《司法改革论评》(第11辑),厦门大学出版社2010年版;

徐昕等:《2010年中国司法改革年度报告》,载《政法论坛》2011年第3期;

兰荣杰:《把法官当"人"看——兼论程序失灵现象及其补救》,载《法制与社会发展》2011年第5期;

龙宗智:《审判管理:功效、局限及界限把握》,载《法学研究》2011年第4期;

陈杭平:《论中国法院的"合一制"——历史、实践和理论》,载《法制与社会发展》2011年第6期;

顾培东:《人民法院内部审判运行机制的构建》,载《法学研究》

2011 年第 4 期;

左卫民:《信息化与我国司法——基于四川省各级人民法院审判管理创新的解读》,载《清华法学》2011 年第 4 期;

佟季、黄彩相:《2010 年全国法院案件质量评估分析报告》,载《人民司法》2011 年第 13 期;

佟季、袁春湘:《全国法院 2011 年案件质量评估情况报告》,载《人民司法》2012 年第 11 期;

徐亚文、童海超:《当代中国地方法院竞争研究》,载《法学评论》2012 年第 1 期;

杨飞、张俊文:《案件质量评估语境下的审判管理改革——基于上诉发改率指标管理的实证分析》,载《河南大学学报(社会科学版)》2012 年第 2 期;

钱弘道等:《法治评估及其中国应用》,载《中国社会科学》2012 年第 4 期;

席涛:《立法评估:评估什么和如何评估(上)——以中国立法评估为例》,载《政法论坛》2012 年第 5 期;

廖奕:《法治如何评估?——以中国地方法治指数为例》,载《兰州学刊》2012 年第 12 期;

蔡彦敏:《中国民事司法案件管理机制透析》,载《中国法学》2013 年第 1 期;

陈光中、龙宗智:《关于深化司法改革若干问题的思考》,载《中国法学》2013 年第 4 期;

郭松:《组织理性、程序理性与刑事司法绩效考评制度》,载《政法论坛》2013 年第 4 期;

郭松:《绩效考评与司法管理》,载《江苏行政学院学报》2013 年第 4 期;

支振锋:《司法独立的制度实践:经验考察与理论再思》,载《法制与社会发展》2013 年第 5 期；

陈林林:《法治指数中的认真与戏谑》,载《浙江社会科学》2013 年第 6 期；

江必新:《论审判管理的科学化》,载《法律科学(西北政法大学学报)》2013 年第 6 期；

张保生、郑飞:《世界法治指数对中国法治评估的借鉴意义》,载《法制与社会发展》2013 年第 6 期；

严戈、袁春湘:《2012 年全国法院案件质量评估分析报告》,载《人民司法》2013 年第 13 期；

江国华:《转型中国的司法价值观》,载《法学研究》2014 年第 1 期；

刘忠:《格、职、级与竞争上岗——法院内部秩序的深层结构》,载《清华法学》2014 年第 2 期；

杨凯:《审判管理理论体系的法理构架与体制机制创新》,载《中国法学》2014 年第 3 期；

冯家亮:《法治建设指标体系的建构路径》,载《湖南大学学报(社会科学版)》2014 年第 4 期；

唐双娥:《法治中国建设评价实践的源流、经验与展望》,载《湖南大学学报(社会科学版)》2014 年第 4 期；

胡荣才、屈茂辉:《法治湖南建设评价指标体系的建构思路与框架》,载《湖南大学学报(社会科学版)》2014 年第 4 期；

张德淼、李朝:《中国法治评估进路之选择》,载《法商研究》2014 年第 4 期；

江西省高级人民法院课题组、张忠厚、卓泽渊:《人民法院司法公信现状的实证研究》,载《中国法学》2014 年第 2 期；

周赟:《当下中国司法公信力的经验维度——来自司法一线的调研报告》,载《苏州大学学报(法学版)》2014 年第 3 期；

陈忠、吴美来:《案件质量评估与审判绩效考核衔接机制研究——以重庆法院实践为样本》,载《法律适用》2014年第3期;

李锦:《中国式法治指数若干问题的思考》,载《湘潭大学学报(哲学社会科学版)》2014年第3期;

支振锋:《司法"独立"的神话与现实》,载《中国党政干部论坛》2014年第3期;

喻中:《法治中国建设中的独立审判——与张新宝先生商榷》,载《东方法学》2014年第4期;

吴烨:《审判质效考评机制:法理审视与实践反思》,载《兰州教育学院学报》2014年第4期;

杜豫苏:《上下级法院审判业务关系研究》,四川大学2014年博士学位论文;

高翔:《中国地方法院竞争的实践与逻辑》,载《法制与社会发展》2015年第1期;

严戈、袁春湘:《2014年全国法院案件质量评估分析报告》,载《人民司法》2015年第9期。

秦桂珍:《案件质量评估体系研究——以广西法院的运用实践为视角》,广西师范大学2016年硕士学位论文;

张青:《人民法院案件质量指标体系及其功能之异化》,载《甘肃政法学院学报》2017年第1期;

郑飞:《中国司法评估实践的理论反思》,载《证据科学》2018年第1期;

张青:《基层法官流失的图景及逻辑:以Y省部分基层法院为例》,载《清华法学》2018年第4期;

孙笑侠:《用什么来评估司法——司法评估"法理要素"简论暨问卷调查数据展示》,载《中国法律评论》2019年第4期;

程金华:《中国法院"案多人少"的实证评估与应对策略》,载《中国法学》2022年第6期；

吴洪淇：《司法评估定性方法的理论反思》，载《四川大学学报（哲学社会科学版）》2022年第6期；

夏明玥、李峥：《老法官流失问题的反思与规制——中国特色资深法官制度的完善》，载《人民司法》2023年第34期；

郑智航、曹永海：《数字时代司法质量量化评估的困境与因应》，载《甘肃社会科学》2024年第2期。

四、报纸

娄银生：《没了"紧箍咒"办案更专心——江苏法院取消指标考核后审判质效情况之调查》，载《人民法院报》2015年3月21日，第1版；

李靖云：《法院改革不仅仅是取消绩效考核问题》，载《南方都市报》2015年2月1日；

王晓飞：《北京法院取消结案率考核》，载《法制晚报》2015年1月23日，第A21版；

刘建国：《表面华丽数字并非完美答卷》，载《人民法院报》2015年1月1日，第2版；

刘勋：《取消考核，让监督更加高效精准》，载《人民法院报》2015年1月1日，第2版；

吴仕春：《取消考核排名，实现司法管理新常态》，载《人民法院报》2014年12月30日，第2版；

符向军：《破除虚高"GDP"，让法官办案走出数据泥潭》，载《人民法院报》2014年12月30日，第2版；

楼伯坤：《应创设科学评估司法公正效能的专业机构》，载《人民法院报》2014年7月30日，第5版；

刘计划：《狠抓案件管理工作　促进司法公平正义》，载《人民法

院报》2014年7月24日,第5版;

孟涛:《WJP法治指数的评价体系与缺陷》,载《中国社会科学报》2014年7月23日,第A7版;

王斌、王开广:《中外专家为法治评估建言献策——"法治评估:普遍性与特殊性"国际研讨会综述》,载《法制日报》2014年6月4日,第12版;

陈小康、刘洋:《改革绩效考核机制 变"成绩单"为"体检表"重庆中基层法院全面取消考核排名》,载《人民法院报》2014年4月9日,第1版;

郭俭、王保林:《案件质量评估指数的合理区间研究》,载《人民法院报》2013年9月11日,第8版;

严戈、马剑:《〈关于人民法院案件质量评估指数编制办法(试行)〉的理解与适用》,载《人民法院报》2013年6月22日,第4版;

姚建宗:《法治指数设计的思想维度》,载《光明日报》2013年4月9日,第11版;

钱弘道:《法治指数:法治中国的探索和见证》,载《光明日报》2013年4月9日,第11版;

徐朋:《唯绩效主义危害性不可小视》,载《人民法院报》2012年7月17日,第2版;

公丕祥:《案件质量评估的基本导向》,载《人民法院报》2011年10月19日,第2版;

齐奇:《切实改进审判质量与效率评估指标的设置》,载《人民法院报》2003年5月31日;

严戈:《人民法院案件质量评估工作的历程》,载《人民法院报》2011年10月23日,第2版;

魏哲哲:《一线压力减 审判质效增》,载《人民日报》2025年3月28日,第10版;

龚国旗:《法官工作不该只被名次标注》,载《人民日报》2025 年 3 月 28 日,第 10 版;

王丽丽:《把符合司法规律的审判管理做优,把为基层减负做实——最高人民法院审管办负责人就〈人民法院审判质量管理指标体系〉修订情况答记者问》,载《人民法院报》2024 年 9 月 30 日,第 2 版;

白龙飞:《最高法党组研究建立审判质量管理指标体系》,载《人民法院报》2023 年 6 月 21 日,第 1 版。

五、网络文献

《最高人民法院正式发布案件质量评估工作指导意见》,载最高人民法院官司网,https://www.court.gov.cn/zixun/xiangqing/2298.htm;

艾志鸿:《地方人大立法评估工作概述》,载中国人大网,http://www.npc.gov.cn/zgrdw/npc/zt/qt/dfrd30year/2009-04/14/content_1497666.htm;

王和岩:《湖北基层法官建议改善审判考核制度》,载财新网,http://m.china.caixin.com/pad/2013-05-14/100527437.html;

梁剑兵:《司法改革的理论基础是什么?》,载北大法律信息网,http://article.chinalawinfo.com/ArticleHtml/Article_76700.shtml;

张强、孟涛:《"法治评估:普遍性与特殊性"国际研讨会》,载中国法学期刊网,http://zgfx.chinajournal.net.cn/wka3/webpublication/wktextcontent.aspx?contentid=211dc01d-c0d4-4fcd-9650-973a08e0d0bd;

《十连冠!广州市中级人民法院连续十年排名第一》,载"广州市中级人民法院"微信公众号,2025 年 4 月 27 日;

《中山又夺全国大奖!综治"六连冠",四捧"长安杯"》,载南方网,2017 年 9 月 20 日,https://static.nfapp.southcn.com/content/201709/20/c687450.html;

《中国司法综合指数(测试版)》发布,载央广网,2017 年 6 月 27 日,https://china.cnr.cn/gdgg/20170627/t20170627_523822048.shtml。

六、外文文献

Anthony Giddens, The Consequences of Modernity. California: Stanford University Press, 1990.

Evert Vedung, Public Policy and Program Evaluation, New Brunswick Transaction Publishers, 1997.

Laird W. Mealier & Gary P. Latham, Skills for Management Success: Theory Experience and Practice, MC Graw-Hill Education,1995.

Penny J. White, Judging Judges: Securing Judicial Independence by Use of Judicial Performance Evaluations, 29 Fordham Urban Law Journal 1053(2002).

Kevin M. Esterling, Judicial Accountability the Right Way, 82 Judicature 206, 209 (1999).

Geoffrey D. Walker, The Rule of Law: Foundation of Constitutional Democracy, Melbourne University Press, 1988, pp. 9-11.

Robert D. Behn, The Big Questions of Public Management, 55 Public Administration Review 313(1995).

Vera Institute of Justice, Measuring Progress toward Safety and Justice: A Global Guide to the Design of Performance Indicators across the Justice Sector (Summary Paper), accessed Apr. 20, 2025, http://www.Vera.org/content/measuring-progress-toward-safety-and-justice.

附录：中国司法综合评价指标体系的构建设想
——以问卷调查为参考

一级指标1 司法制度与职权配置

司法制度的构建与完善及司法职权配置是司法改革中一个极其重要的问题。司法制度主要是指以司法为职能目的而形成的组织体系与制度体系。司法组织体系由各级司法机构（机关）构成，包括国家最高审判机关、国家最高检察机关和地方各级审判机关、检察机关。它们一同构成了中国特色社会主义法治体系，这是中国司法体制的组织基础。司法制度是规定国家司法机关性质、任务、组织、程序等方面法律制度之总和。司法制度也是规定司法机构设置和职能权限（职权范围）的法律制度。特别是司法职权配置的合理与否，会直接影响到司法公正的实现程度。党的十八届四中全会通过的《中共中央关于全面推进依法治国若干重大问题的决定》在第四大项"保证公正司法，提高司法公信力"用两项内容对于司法制度与职权配置的改革与完善问题作了规定，分别是完善确保依法独立公正行使审判权和检察权的制度，以及优化司法职权配置。这一内容也构成一级指标1司法制度与职权配置及其下面的二级指标、三级指标的主要依据。

1.1 司法配套制度构建与完善

1.1.1 司法程序制度的构建与完善

测量内容：司法程序制度的构建与完善情况。

设立依据：司法程序相关的制度规范是法律明确规定的内容，司法程序制度的构建与完善则是司法有效运作的基础。《中共中央关于全面深化改革若干重大问题的决定》明确要求推进严格司法，坚持以事实为根据、以法律为准绳，健全事实认定符合客观真相、办案结果符合实体公正、办案过程符合程序公正的法律制度。在相关法律明确规定的司法程序制度的范畴内，各级地方司法机关应当严格按照程序制度的要求运作，同时也可以在法律规定内或在明确授权下进一步细化、完善或推进司法程序制度建设。这也应当是推进我国司法改革和法治建设的重要内容。

测量方法：问卷调查。

问题设计：(只针对法检)您所在地区的法院、检察院严格构建与落实司法程序制度，并且在法律规定内或授权下进一步细化、完善或推进司法程序制度建设的情况如何？

○ A. 非常好　　　　○ B. 比较好
○ C. 一般　　　　　○ D. 比较差
○ E. 非常差　　　　○ F. 不清楚

1.1.2 审判(检察)管理制度的构建与完善

测量内容：审判管理制度的构建、审判管理权与审判权分离的制度构建、检察业务管理制度的构建与完善。

设立依据：《最高人民法院关于全面深化人民法院改革的意见》

明确指出:健全审判管理制度。发挥审判管理在提升审判质效、规范司法行为、严格诉讼程序、统一裁判尺度等方面的保障、促进和服务作用,强化审判流程节点管控,进一步改善案件质量评估工作。《最高人民法院关于全面深化人民法院改革的意见》还指出:理顺法院司法行政事务管理关系。科学设置人民法院的司法行政事务管理机构,规范和统一管理职责,探索实行法院司法行政事务管理权和审判权的相对分离。改进上下级法院司法行政事务管理机制,明确上级法院司法行政事务管理部门对下级法院司法行政事务的监管职能。《最高人民检察院关于贯彻落实〈中共中央关于全面推进依法治国若干重大问题的决定〉的意见》也指出:加强司法管理。深化案件管理机制改革,以检察权运行规范化、管理科学化、监督制度化为目标,加快建设权责明确、协作紧密、制约有力、运行高效的检察业务管理体系。

测量方法:问卷调查。

问题设计:(只针对法检)您所在地区的司法机关审判(检察)业务管理制度的构建、完善情况如何(是否明确构建与完善相关审判或检察业务管理制度、审判管理权与审判权分离的制度改革)?

○ A. 非常好　　　　　○ B. 比较好
○ C. 一般　　　　　　○ D. 比较差
○ E. 非常差　　　　　○ F. 不清楚

1.1.3　人财物管理制度的构建与完善

测量内容:法院、检察院人财物管理制度的构建与完善,特别是省级统管人财物制度的构建与完善情况。

设立依据:《中共中央关于全面深化改革若干重大问题的决定》明确指出:确保依法独立公正行使审判权和检察权。改革司法管理体制,推动省以下地方法院、检察院人财物统一管理,探索建立与行政区划适当分离的司法管辖制度,保证国家法律统一正确实施。这一改革是为了保证司法不受地方影响,实现司法的"去地方化"。实质上也是为了进一步保障市、县两级司法机关的司法经费。《最高人民法院关于全面深化人民法院改革的意见》明确提出:推动人民法院财务管理体制改革。配合中央有关部门,推动省级以下地方法院经费统一管理机制改革。完善人民法院预算保障体系、国库收付体系和财务管理体系,推动人民法院经费管理与保障的长效机制建设。《最高人民检察院关于贯彻落实〈中共中央关于全面推进依法治国若干重大问题的决定〉的意见》也指出:推进省以下地方检察院人财物统一管理体制改革,为依法独立公正行使检察权提供坚实保障。

测量方法:问卷调查。

问题设计:(只针对法检)您所在地区的法院、检察院人财物管理制度的构建、完善情况如何(对于人财物的管理是否有构建明确的制度规范,是否在既有的改革框架内进一步细化或完善)?

　　○ A. 非常好　　　　○ B. 比较好
　　○ C. 一般　　　　　○ D. 比较差
　　○ E. 非常差　　　　○ F. 不清楚

1.2 司法职权落实机制

1.2.1 审判权(检察权)落实机制

测量内容:审判权(检察权)优化职权配置落实情况。

设立依据:《中共中央关于全面深化改革若干重大问题的决定》明确指出:优化司法职权配置。健全司法权力分工负责、互相配合、互相制约机制,加强和规范对司法活动的法律监督和社会监督。

测量方法:问卷调查。

问题设计:(只针对法检)您所在地区的法院、检察院按照相关司法改革的文件要求优化配置司法职权,落实与其他司法机关之间相互配合、相互制约的体制机制情况如何?

○ A. 非常好　　　　　　○ B. 比较好

○ C. 一般　　　　　　　○ D. 比较差

○ E. 非常差　　　　　　○ F. 不清楚

1.2.2 审判(检察)组织权力落实机制

测量内容:法院、检察院组织权力的落实,主要是内部各业务部门之间职权合理配置的落实情况。

设立依据:《最高人民法院关于全面深化人民法院改革的意见》明确提出:建立中国特色社会主义审判权力运行体系,必须优化人民法院内部职权配置,健全立案、审判、执行、审判监督各环节之间的相互制约和相互衔接机制,充分发挥一审、二审和再审的不同职能,确保审级独立。到2016年底,形成定位科学、职能明确、运行有效的法院职权配置模式。《最高人民检察院关于贯彻落实〈中共中央关于全面推进依法治国若干重大问题的决定〉的意见》指出:完善主任检察官办案责任制,建立健全检察机关司法办案组织,科学设置检察机关内部司法办案权限,完善配套制度,落实谁办案谁负责,形成符合检察工作规律、检察职业特点的组织结构、责任体系和运行机制。

测量方法:问卷调查。

问题设计:(只针对法检)您所在地区的法院、检察院组织权力(各部门之间职权合理、优化配置)落实机制情况如何?

○ A. 非常好　　　　　　○ B. 比较好

○ C. 一般　　　　　　　○ D. 比较差

○ E. 非常差　　　　　　○ F. 不清楚

1.2.3 干扰司法排除落实机制

测量内容：领导干部插手、干预办案机制的落实情况。

设立依据：《最高人民法院关于全面深化人民法院改革的意见》提出：建立防止干预司法活动的工作机制。配合中央有关部门，推动建立领导干部干预审判执行活动、插手具体案件处理的记录、通报和责任追究制度。按照案件全程留痕要求，明确审判组织的记录义务和责任，对于领导干部干预司法活动、插手具体案件的批示、函文、记录等信息，建立依法提取、介质存储、专库录入、入卷存查机制，相关信息均应当存入案件正卷，供当事人及其代理人查询。《最高人民检察院关于贯彻落实〈中共中央关于全面推进依法治国若干重大问题的决定〉的意见》指出：完善公正司法的保障机制。推动建立各级党政机关和领导干部支持检察院依法独立公正行使职权的制度机制。认真落实《最高人民检察院关于加强执法办案活动内部监督防止说情等干扰的若干规定》，完善检察机关内部人员过问案件的记录制度和责任追究制度，坚决防止违反规定干预办案。建立健全检察人员履行法定职责保护机制，建立检察官惩戒委员会制度，完善检察人员申诉控告制度，建立和完善检察人员合法权益因履行职务受到侵害的保障救济机制和不实举报澄清机制，确保检察人员非因法定事由、非经法定程序不被调离、辞退或者作出免职、降级等处分。

测量方法：问卷调查。

问题设计：1. 您所在地区的司法机关是否建立了防止领导干部插手干扰司法的相关机制？

　　○ A. 有　　　　　　　　○ B. 没有

（如果有，则）2. 干扰司法排除机制的运行效果如何？

　　○ A. 非常好　　　　　　○ B. 比较好
　　○ C. 一般　　　　　　　○ D. 比较差
　　○ E. 非常差　　　　　　○ F. 不清楚

一级指标2　司法人员管理与职业化

司法人员管理与职业化建设,涉及司法人力资源的配置问题,具体包括司法机关关于司法人员的招录、选拔、分配、安置、任用等一系列机制。司法人力资源的合理配置及有效运用,是提升司法职业化水平、提高司法能力、实现司法公正高效的关键,因而是我国司法改革亟待实现的重要目标。

2013年党的十八届三中全会通过的《中共中央关于全面深化改革若干重大问题的决定》提出,要建立符合职业特点的司法人员管理制度,健全法官、检察官、人民警察统一招录、有序交流、逐级遴选机制,完善司法人员分类管理制度,健全法官、检察官、人民警察职业保障制度,这为各级司法机关招录选拔、任用司法人员以及对司法人员的教育培训与考核、身份保障提出了明确要求。

2014年党的十八届四中全会通过的《中共中央关于全面推进依法治国若干重大问题的决定》在第六大项中明确提出了加强法治工作队伍建设的要求,必须大力提高法治工作队伍思想政治素质、业务工作能力、职业道德水准,着力建设一支忠于党、忠于国家、忠于人民、忠于法律的社会主义法治工作队伍,为加快建设社会主义法治国家提供强有力的组织和人才保障。

有鉴于此,一级指标2"司法人员管理与职业化"下根据相关司法改革文件的具体内容设计了相应的二级指标和三级指标。

2.1 司法人员的合理管理

2.1.1 司法人员分类明确配置合理

测量内容：司法人员的分类管理情况。

设立依据：《最高人民法院关于全面深化人民法院改革的意见》明确提出：推动法院人员分类管理制度改革。建立符合职业特点的法官单独职务序列。健全法官助理、书记员、执行员等审判辅助人员管理制度。科学确定法官与审判辅助人员的数量比例，建立审判辅助人员的正常增补机制，切实减轻法官事务性工作负担。拓宽审判辅助人员的来源渠道，探索以购买社会化服务的方式，优化审判辅助人员结构。探索推动司法警察管理体制改革。完善司法行政人员管理制度。《最高人民检察院关于贯彻落实〈中共中央关于全面推进依法治国若干重大问题的决定〉的意见》指出：适应检察人员分类管理的需要，完善职业准入制度，探索建立法律职业人员统一职前培训制度，研究预备检察官职业训练并考核合格作为检察官的法定任职条件。建立检察官逐级遴选制度，初任检察官由省级检察院统一招录，一律在基层院任职，上级院检察官一般从下一级检察院的优秀检察官中遴选。建立从符合条件的律师、法学专家中招录检察官制度，畅通具备条件的军队转业干部进入检察队伍的通道。加快建立符合职业特点的检察人员管理制度，推动完善检察职业保障体系，建立检察官专业职务序列及工资制度。

测量方法：问卷调查。

问题设计：(只针对法检)您所在地区的司法人员明确按分类管理，各类人员合理配置的情况如何？

○ A. 非常好　　　　　　○ B. 比较好

○ C. 一般　　　　　　　○ D. 比较差

○ E. 非常差　　　　　　○ F. 不清楚

2.1.2 司法人员培训常态化

测量内容：司法人员的培训是否常态化。

设立依据：《中共中央关于全面推进依法治国若干重大问题的决定》明确要求：完善法律职业准入制度，健全国家统一法律职业资格考试制度，建立法律职业人员统一职前培训制度。《最高人民法院关于全面深化法院改革的意见》提出：完善法官在职培训机制。严格以实际需求为导向，坚持分类、分级、全员培训，着力提升法官的庭审驾驭能力、法律适用能力和裁判文书写作能力。改进法官教育培训的计划生成、组织调训、跟踪管理和质量评估机制，健全教学师资库、案例库、精品课件库。加强法官培训机构和现场教学基地建设。搭建中国法官教育培训网，依托信息化手段，大力推广网络教学，实现精品教学课件由法院人员免费在线共享。大力加强基层人民法院法官和少数民族双语法官的培训工作。《法官培训条例》第2条规定："法官培训分为任职、晋级、续职资格培训以及其他培训。拟任法官和拟任法院院长、副院长，须接受任职资格培训。晋升高级法官，须接受晋级资格培训。法官须定期接受续职资格培训。"第6条规定："拟任法官的人员以及在职法官，经过规定的培训，并考核合格的，方可任职、晋级和继续履职。"

测量方法：问卷调查。

问题设计：(只针对法检)您所在地区的司法人员职业培训(包括任职前、在职)情况如何？

○ A. 常态化且效果好　　○ B. 比较好

○ C. 一般　　　　　　　○ D. 比较差

○ E. 完全走形式　　　　○ F. 不清楚

2.1.3 司法人员考核机制合理

测量内容：司法人员考核机制的合理性。

设立依据：《最高人民法院关于全面深化人民法院改革的意见》指出，法院会同刑罚执行机关、检察机关推动网上协同办案平台建设，对执法办案和考核奖惩中的重要事项、重点环节，实行网上录入、信息共享、全程留痕，从制度和技术上确保监督到位。《最高人民检察院关于贯彻落实〈中共中央关于全面推进依法治国若干重大问题的决定〉的意见》指出：规范司法行为，进一步明确各类检察人员的工作职责、工作流程、工作标准，制定科学的评价标准和考核指标。最高人民法院印发的《人民法院落实〈司法机关内部人员过问案件的记录和责任追究规定〉的实施办法》强调：人民法院工作人员执行本办法的情况，应当纳入考核评价体系，作为评价其是否遵守法律、依法办事、廉洁自律以及评先评优、晋职晋级的重要依据。

测量方法：问卷调查。

问题设计：(只针对法检)您认为贵单位针对司法人员的考核机制是否合理？

　　○ A. 非常合理　　　　○ B. 比较合理
　　○ C. 合理　　　　　　○ D. 比较不合理
　　○ E. 非常不合理　　　○ F. 不清楚

2.1.4 司法人员晋升机制合理

测量内容：司法人员晋升机制的合理性。

设立依据：《最高人民法院关于全面深化人民法院改革的意见》明确指出：完善法官业绩评价体系。建立科学合理、客观公正、符合规律的法官业绩评价机制，完善评价标准，将评价结果作为法官等级晋升、择优遴选的重要依据。建立不适任法官的退出机制，完善相关配套措施。

《最高人民检察院关于贯彻落实〈中共中央关于全面推进依法治国若干重大问题的决定〉的意见》规定:每年十二月四日组织开展国家宪法日宣传教育活动,落实检察官初任和晋升等时公开向宪法宣誓制度。

测量方法:问卷调查。

问题设计:(只针对法检)您认为贵单位有关司法人员晋升的机制是否合理?

○ A. 非常合理　　　　　○ B. 比较合理
○ C. 合理　　　　　　　○ D. 比较不合理
○ E. 非常不合理　　　　○ F. 不清楚

2.2　司法人员的职业化建设

2.2.1　司法人员招录公开规范

测量内容:法院、检察院司法人员的招录公开性、规范性。

设立依据:《中共中央关于全面推进依法治国若干重大问题的决定》明确要求:推进法治专门队伍正规化、专业化、职业化,提高职业素养和专业水平。建立从符合条件的律师、法学专家中招录立法工作者、法官、检察官制度,畅通具备条件的军队转业干部进入法治专门队伍的通道,健全从政法专业毕业生中招录人才的规范便捷机制。《最高人民法院关于全面深化人民法院改革的意见》指出:改革法官选任制度。完善将优秀律师、法律学者,以及在立法、检察、执法等部门任职的专业法律人才选任为法官的制度。健全法院和法学院校、法学研究机构人员双向交流机制,实施高校和法院人员互聘计划。

测量方法:问卷调查。

问题设计:您所在地区的司法人员招录的公开度、规范性状况如何?

○ A. 非常好　　　　　　○ B. 比较好

○ C. 一般　　　　　　　　○ D. 比较差

○ E. 非常差　　　　　　　○ F. 不清楚

2.2.2 法官（检察官）遴选机制健全运行

测量内容：法官、检察官遴选机制的合理构建与健全运行。

设立依据：《中共中央关于全面推进依法治国若干重大问题的决定》明确要求：建立法官、检察官逐级遴选制度。初任法官、检察官由高级人民法院、省级人民检察院统一招录，一律在基层法院、检察院任职。上级人民法院、人民检察院的法官、检察官一般从下一级人民法院、人民检察院的优秀法官、检察官中遴选。《最高人民法院关于全面深化人民法院改革的意见》指出：在国家和省一级分别设立由法官代表和社会有关人员参与的法官遴选委员会，制定公开、公平、公正的选任程序，确保品行端正、经验丰富、专业水平较高的优秀法律人才成为法官人选，实现法官遴选机制与法定任免机制的有效衔接。《最高人民检察院关于贯彻落实〈中共中央关于全面推进依法治国若干重大问题的决定〉的意见》规定：建立检察官逐级遴选制度，初任检察官由省级检察院统一招录，一律在基层院任职，上级院检察官一般从下一级检察院的优秀检察官中遴选。建立从符合条件的律师、法学专家中招录检察官制度，畅通具备条件的军队转业干部进入检察队伍的通道。加快建立符合职业特点的检察人员管理制度，推动完善检察职业保障体系，建立检察官专业职务序列及工资制度。

测量方法：问卷调查。

问题设计：（只针对法检）您当前所在地区的法官、检察官遴选机制是否健全？

○ A. 非常健全　　　　　　○ B. 比较健全

○ C. 健全　　　　　　　　○ D. 比较不健全

○ E. 非常不健全　　　　　○ F. 不清楚

2.2.3 司法人员职业待遇有效保障

测量内容：司法人员职业待遇的保障。

设立依据：司法人员的职业待遇保障是保证司法公正重要基础。《中共中央关于全面推进依法治国若干重大问题的决定》明确要求：完善职业保障体系，建立法官、检察官、人民警察专业职务序列及工资制度。

测量方法：问卷调查。

问题设计：(只针对法检)您对您当前的待遇状况是否满意？

○ A. 非常满意　　　　○ B. 比较满意
○ C. 满意　　　　　　○ D. 比较不满意
○ E. 非常不满意　　　○ F. 不清楚

2.2.4 司法人员履行法定职责保护机制构建落实

测量内容：司法机关是否建立健全司法人员履行法定职责的保护机制。

设立依据：《中共中央关于全面推进依法治国若干重大问题的决定》明确要求：建立健全司法人员履行法定职责保护机制。非因法定事由，非经法定程序，不得将法官、检察官调离、辞退或者作出免职、降级等处分。《最高人民法院关于全面深化人民法院改革的意见》指出：健全法官履行法定职责保护机制。合理确定法官、审判辅助人员的工作职责、工作流程和工作标准。明确不同主体、不同类型过错的甄别标准和免责事由，确保法官依法履职行为不受追究。非因法定事由，未经法定程序，不得将法官调离、辞退或者作出免职、降级等处分。完善法官申诉控告制度，建立法官合法权益因依法履职受到侵害的救济机制，健全不实举报澄清机制。在国家和省一级分别设立由法官代表和社会有关人员参与的法官惩戒委员会，制定公开、公正的法官惩戒程序,既确保法官的违纪违法行为及时得到应有惩戒,又保障其辩解、举证、申请复议和申诉的权利。《最高人民检察院关于贯彻落实〈中共中央关于全面推进依法治国若干重大问题的决定〉的意见》规定:建立健全检察人员履行法定职责保护机制,建立检察官惩戒委员会制度,完善检察人员申诉控告制度,建立和完善检察人员合法权益因履行职务受到侵害的保障救济机制和不实举报澄清机制,确保检察人员非因法定事由、非经法定程序不被调离、辞退或者作出免职、降级等处分。

测量方法:问卷调查。

问题设计:(只针对法检)您所在地区是否存在没有法定理由、未经法定程序将法官、检察官调离、免职、辞退或者作出降级、撤职等处分的情况?

　　○ A. 不存在　　　　　　○ B. 比较少
　　○ C. 一般　　　　　　　○ D. 比较多
　　○ E. 非常普遍　　　　　○ F. 不清楚

一级指标3　司法经费与装备保障

作为司法正常运行的基本保障,司法经费与装备保障的优劣情况在相当程度上影响着司法公正、高效、权威的价值实现。司法经费保障,是指国家或地方财政对各级司法机关所需的财政经费的配置情况。司法装备资源配置是指关于司法机关内部的固定资产、基本装备、办公用品、车辆配置、警械警具、办公自动化设备等装备方面的配置。

2013年党的十八届三中全会通过了《中共中央关于全面深化改革若干重大问题的决定》。对于司法财政配置问题,该《决定》考虑到我国目前的实际情况,对以上决定提出的方案有所折中,没有采取司法经费统一由中央财政保障"一步到位"的方案,而是采取了渐进的方案,即"推动省以下地方法院、检察院人财物统一管理"。应当说,加强司法经费保障是近年来司法改革的重要内容和抓手。长期以来,造成我国司法不公、司法公信力不佳的一个重要原因在于司法的地方化过于严重,司法过多受制于地方政府。司法地方化的主要病根又在于各项司法经费包括司法人员的工资等,均由地方政府财政部门解决,由于司法机关的财权由地方政府部门把持,容易受到地方政府的干扰,导致司法地方保护主义滋生,司法不公现象的屡屡发生、司法公信力每况愈下,病因就在于此。

司法装备的现代化是司法文明的基础保障,是司法机关现代化建设最基本的层面,因而也是司法机关的一项基础工程。夯实物质装备基础,对树立司法权威,维护法律尊严,保障社会秩序具有重要的作用与意义。

基于以上考虑,设置了一级指标 3 司法经费与装备保障及其下的二级指标与三级指标。

3.1 司法经费保障

3.1.1 司法运行经费保障

测量内容:司法运行经费保障情况。

设立依据:《最高人民法院关于全面深化人民法院改革的意见》明确指出:推动人民法院财物管理体制改革。配合中央有关部门,推动省级以下地方法院经费统一管理机制改革。完善人民法院预算保障体系、国库收付体系和财务管理体系,推动人民法院经费管理与保障的长效机制建设。严格"收支两条线"管理,地方各级人民法院收取的诉讼费、罚金、没收的财物,以及追缴的赃款赃物等,统一上缴省级国库。

测量方法:问卷调查。

问题设计:(只针对法检)贵单位目前司法运行经费(人员经费、业务经费等)保障情况如何?

  ○ A. 非常好　　　　　　○ B. 比较好
  ○ C. 一般　　　　　　　○ D. 比较差
  ○ E. 非常差　　　　　　○ F. 不清楚

3.1.2 司法援助经费保障

测量内容:司法援助经费能否很好地支撑司法援助工作。

设立依据:根据中华人民共和国国务院《法律援助条例》规定,法律援助是政府的责任,县级以上人民政府应当采取积极措施推动法律援助工作,为法律援助提供财政支持,保障法律援助事业与经济、社会协调发展。

测量方法:问卷调查。

问题设计:您所在地区的司法援助经费保障情况如何(能否很好地支撑司法援助工作的展开)?

  ○ A. 非常好　　　　　　○ B. 比较好
  ○ C. 一般　　　　　　　○ D. 比较差
  ○ E. 非常差　　　　　　○ F. 不清楚

3.2 司法实体装备保障

3.2.1 基础设施保障

测量内容:司法机关的基础设施(法检办公大楼、办公室等)是否得到充分保障。

设立依据:《最高人民法院关于全面深化人民法院改革的意见》强调要建立人民法院装备标准体系。《最高人民检察院关于贯彻落实〈中共中央关于全面推进依法治国若干重大问题的决定〉的意见》指出:要以强化科技应用为重点,推进电子检务工程,改善基层检察院基础设施和装备条件,努力提高基层检察工作保障水平,夯实检察工作基础。

测量方法:问卷调查。

问题设计:据您观察,您所在地区的司法机关基础设施(审判、检察业务楼或办公大楼)保障情况如何?

○ A. 非常好　　　　　○ B. 比较好
○ C. 一般　　　　　　○ D. 比较差
○ E. 非常差　　　　　○ F. 不清楚

3.2.2　其他实体装备保障

测量内容:司法机关的其他实体办公设备(如电脑、案件公告屏、法制宣传栏等)保障情况。

设立依据:《最高人民法院关于全面深化人民法院改革的意见》强调要建立人民法院装备标准体系。《最高人民检察院关于贯彻落实〈中共中央关于全面推进依法治国若干重大问题的决定〉的意见》指出:要以强化科技应用为重点,推进电子检务工程,改善基层检察院基础设施和装备条件,努力提高基层检察工作保障水平,夯实检察工作基础。

测量方法:问卷调查。

问题设计:您所在地区的司法机关其他实体办公设备(如电脑、案件公告屏、法制宣传栏等)保障情况如何?

○ A. 非常好　　　　　○ B. 比较好

○ C. 一般　　　　　　　　○ D. 比较差

○ E. 非常差　　　　　　　○ F. 不清楚

3.3　现代化司法装备保障

3.3.1　司法信息查询发布数字化平台保障

测量内容：司法信息的网上查询发布平台的构建与运行情况。

设立依据：《中共中央关于全面推进依法治国若干重大问题的决定》明确要求：构建开放、动态、透明、便民的阳光司法机制，推进审判公开、检务公开、警务公开、狱务公开，依法及时公开执法司法依据、程序、流程、结果和生效法律文书，杜绝暗箱操作。建立生效法律文书统一上网和公开查询制度。《最高人民法院关于全面深化人民法院改革的意见》明确指出：健全审判管理制度。发挥审判管理在提升审判质效、规范司法行为、严格诉讼程序、统一裁判尺度等方面的保障、促进和服务作用，强化审判流程节点管控，进一步改善案件质量评估工作。

测量方法：主观问卷调查数据与客观数据相结合方式评价。其中客观数据以法院审判管理数据中的"裁判文书上网率（生效）"以及检察机关案件管理数据中的"检察文书上网率"作为评分基础。

主观问题设计：您所在地区的司法机关的司法信息（开庭公告、裁判文书等）能否实现网上数字化平台查询与发布？

○ A. 完全可以　　　　　　○ B. 绝大部分可以

○ C. 基本可以　　　　　　○ D. 很少

○ E. 完全没有　　　　　　○ F. 不清楚

3.3.2　数字化审判（检察）运行系统保障

测量内容：司法机关办理审判、检察业务的数字化系统运行情况。

设立依据：《最高人民法院关于全面深化人民法院改革的意见》提出：建立庭审全程录音录像机制。加强科技法庭建设，推动庭审全程同步录音录像。建立庭审录音录像的管理、使用、储存制度。规范以图文、视频等方式直播庭审的范围和程序。《最高人民法院关于全面深化人民法院改革的意见》提出：完善诉讼服务中心制度。加强诉讼服务中心规范化建设，完善诉讼服务大厅、网上诉讼服务平台、12368司法服务热线。建立网上预约立案、送达、公告、申诉等工作机制。推动远程调解、信访等视频应用，进一步拓展司法为民的广度和深度。《最高人民检察院关于贯彻落实〈中共中央关于全面推进依法治国若干重大问题的决定〉的意见》指出：要以强化科技应用为重点，推进电子检务工程，改善基层检察院基础设施和装备条件，努力提高基层检察工作保障水平，夯实检察工作基础。

测量方法：问卷调查。

问题设计：您所在地区的司法机关的业务办理数字化系统（如庭审直播系统、网上立案、申诉系统等）运行效果如何？

○ A. 非常好　　　　　○ B. 比较好
○ C. 一般　　　　　　○ D. 比较差
○ E. 非常差　　　　　○ F. 不清楚

3.3.3　数字化司法管理系统保障

测量内容：审判、检察管理的数字化系统运行情况。

设立依据：《最高人民法院关于全面深化人民法院改革的意见》明确指出：完善审判流程公开平台。推动全国法院政务网站建设。建立全国法院统一的诉讼公告网上办理平台和诉讼公告网站。继续加强中国审判流程信息公开网网站建设，完善审判信息数据及时汇总和即时更新机制。加快建设诉讼档案电子化工程。推动实现全国法院在同一平台公开审判流程信息，方便当事人自案件受理之日起，在线获取审判流程节点信息。《最高人民检察院关于贯彻落实〈中共中央关于全面推进依法治国若干重大问题的决定〉的意见》指出:要以强化科技应用为重点,推进电子检务工程,改善基层检察院基础设施和装备条件,努力提高基层检察工作保障水平,夯实检察工作基础。

测量方法:问卷调查。

问题设计:(只针对法检)您所在单位的数字化司法管理(数字化的审判、检察信息管理)系统保障情况如何?

○ A. 非常好　　　　　○ B. 比较好
○ C. 一般　　　　　　○ D. 比较差
○ E. 非常差　　　　　○ F. 不清楚

一级指标4　人权司法保障与司法文明

党的十八届四中全会通过的《中共中央关于全面推进依法治国若干重大问题的决定》,明确提出了"加强人权司法保障"的要求。这是继党的十八大把"人权得到切实尊重和保障"作为全面建成小康社会的重要目标、党的十八届三中全会提出"完善人权司法保障制度"之后,党在人权保障上的又一重要部署,体现了党高度重视人权保障,高度重视司法在保障人权中的突出作用,高度重视落实国家尊重和保障人权的宪法原则。这说明国家将保障人权问题提高到了一个前所未有的高度。一般认为,人权是人依其自然属性和社会本质所享有和应当享有的权利。国家是人权保障的义务主体,而司法是人权保障的最后一道屏障。因此,树立司法人权理念,是一个国家的根本义务,也是司法改革的重要内容,更是法治中国建设的核心议题。概括来说,司法人权理念应该是指司法的终极价值与现实追求在于人权。司法人权这一理念涵括了人权保障的最终手段是司法,以及司法的宗旨在于保障人权这两方面的内容。

现代文明包括物质文明、精神文明、政治文明、生态文明等多种形式,法治文明是政治文明的基本标志,司法文明又是法治文明的基本标志。司法文明集中体现为司法作为维护社会正义的最后一道防线的公正性,保障全社会实现公平和正义。因此,司法文明对于政治文明建设,特别是法治文明建设意义重大。弘扬司法文明,提高司法权行使的文明程度,是社会主义政治文明的重要推动力量,也是司法改革的根本目标。目前,对于司法文明的内涵没有统一的理解,一般认为,司法文明就是指由人类建立的特定国家机关在长期处理各类案件的过程中所创造的法律文化及其各种表现形式的总和。司法文明程度的高低反映了特定社会法律文化和法律运行的制度化、规范化和程序化水平的高低。

鉴于党中央相关改革文件中对人权司法保障的高度重视,以及人权司法保障与司法文明的高度关联性。因此,人权司法保障与司法文明应当作为一个一级指标,并且在此基础上根据其具体内容设置了相关的二级指标与三级指标。

4.1 人权司法保障

4.1.1 律师代理(法律援助)申诉制度的构建与有效运行

测量内容:申诉中律师代理及法律援助情况。

设立依据:《中共中央关于全面推进依法治国若干重大问题的决定》明确要求:对不服司法机关生效裁判、决定的申诉,逐步实行由律师代理制度。对聘不起律师的申诉人,纳入法律援助范围。《最高人民法院关于全面深化人民法院改革的意见》明确指出:推动建立申诉案件律师代理制度。

测量方法：问卷调查。

问题设计：据您观察，您所在地区的当事人申诉时有律师代理（或法律援助）的情况？

○ A. 非常普遍　　　　　○ B. 比较多
○ C. 一般　　　　　　　○ D. 比较少
○ E. 非常少　　　　　　○ F. 不清楚

4.1.2　刑事侦查阶段律师介入帮助情况

测量内容：刑事侦查阶段律师介入帮助情况。

设立依据：《最高人民检察院关于贯彻落实〈中共中央关于全面推进依法治国若干重大问题的决定〉的意见》指出：认真落实《最高人民检察院关于保障律师执业权利的规定》，依法保障律师会见、阅卷、调查取证等权利，规范听取律师意见制度，对律师提出的不构成犯罪、罪轻或者减轻免除刑事责任、无羁押必要、侦查活动有违法情形等意见，必须及时进行审查，从工作机制上保证律师的意见被听取、合理意见被采信。

测量方法：问卷调查。

问题设计：据您观察，您所在地区的刑事侦查阶段律师介入为犯罪嫌疑人进行辩护的情况？

○ A. 非常普遍　　　　　○ B. 比较多
○ C. 一般　　　　　　　○ D. 比较少
○ E. 非常少　　　　　　○ F. 不清楚

4.1.3　涉案财物的有效保障

测量内容：司法过程中诉讼参加人涉案财物的有效保障。

设立依据：《中共中央关于全面推进依法治国若干重大问题的决定》明确要求：规范查封、扣押、冻结、处理涉案财物的司法程序。《最高人民法院关于全面深化人民法院改革的意见》也指出:规范处理涉案财物的司法程序。明确人民法院处理涉案财物的标准、范围和程序。进一步规范在刑事、民事和行政诉讼中查封、扣押、冻结和处理涉案财物的司法程序。推动建立涉案财物集中管理信息平台,完善涉案财物信息公开机制。《最高人民检察院关于贯彻落实〈中共中央关于全面推进依法治国若干重大问题的决定〉的意见》也指出:要贯彻中央《关于进一步规范刑事诉讼涉案财物处置工作的意见》,规范查封、扣押、冻结、处理涉案财物的司法程序。

测量方法:问卷调查。

问题设计:据您观察,您所在地区的司法机关对于涉案财物的保障(保护)情况(在办案过程中查封、扣押、冻结的财物是否严格按照法律规定处理)如何?

○ A. 非常好　　　　○ B. 比较好
○ C. 一般　　　　　○ D. 比较差
○ E. 非常差　　　　○ F. 不清楚

4.1.4 强化公民诉讼权利的制度保障

测量内容:对公民诉讼权利的制度保障情况。

设立依据:《刑事诉讼法》《民事诉讼法》《行政诉讼法》均明确规定了当事人的诉讼地位和诉讼权利义务平等。不论当事人的社会地位如何,也不论其是原告还是被告,是公民还是法人,是国有企业还是民营企业,其诉讼地位完全平等,不允许任何一方享有诉讼上的特权。同时,人民法院应当保障当事人平等地行使诉讼权利。诉讼法赋予当事人的各种诉讼权利,需要人民法院在司法实践中予以落实。对于双方当事人的诉讼权利,法院应予以同等尊重、同等保护,在其权利受到侵害时要予以同等救济。

测量方法:问卷调查。

问题设计:您所在地区的司法机关对公民诉讼权利(如平等对待不同身份当事人)的保障情况?

○ A. 非常好　　　　　　○ B. 比较好
○ C. 一般　　　　　　　○ D. 比较差
○ E. 非常差　　　　　　○ F. 不清楚

4.1.5　健全落实冤假错案的预防与纠正机制

测量内容:冤假错案的预防与纠正机制的健全及落实情况。

设立依据:《中共中央关于全面推进依法治国若干重大问题的决定》明确要求:健全落实罪刑法定、疑罪从无、非法证据排除等法律原则的法律制度。完善对限制人身自由司法措施和侦查手段的司法监督,加强对刑讯逼供和非法取证的源头预防,健全冤假错案有效防范、及时纠正机制。《最高人民法院关于全面深化人民法院改革的意见》指出:完善对限制人身自由司法措施和侦查手段的司法监督,加强对刑讯逼供和非法取证的源头预防,健全冤假错案的有效防范、及时纠正机制。《最高人民检察院关于贯彻落实〈中共中央关于全面推进依法治国若干重大问题的决定〉的意见》也指出:坚守防止冤假错案底线,健全和落实错案防止、纠正和责任追究制度。健全落实罪刑法定、疑罪从无、非法证据排除等法律原则规则的制度,确保无罪的人不受刑事追究。进一步明确非法证据排除的程序和标准,加强对刑讯逼供和非法取证的源头预防。完善对限制人身自由司法措施和侦查手段的法律监督机制,依法规范并积极开展羁押必要性审查工作,继续做好清理纠正久押不决和超期羁押案件工作。探索建立刑事案件申诉异地审查制度,规范冤假错案发现受理、审查办理和监督纠正机制。

测量方法:问卷调查。

问题设计:您所在地区的司法机关健全落实冤假错案的预防与纠正机制情况如何(例如法院、检察院对刑讯逼供的司法监督,从源头上预防冤假错案)？

○ A. 非常好　　　　　　○ B. 比较好
○ C. 一般　　　　　　　○ D. 比较差
○ E. 非常差　　　　　　○ F. 不清楚

4.2　司法人员文明程度

4.2.1　司法人员的法治信仰情况

测量内容：司法人员对法治信仰情况。

设立依据：信仰法律首先必须敬畏法律，敬畏法律是实现法治的前提，因此，形成对法律的敬畏心理，有助于培养法律在公众心目中的神圣感。一旦有了高度的神圣感，法律才会对广大公民发挥其自身的作用，尤其在法治建设初期，其工具价值被凸显，法律的震慑作用还会被反复强调。在这样的大时代背景下，大力宣扬法律的惩治保障功能，有非常大的积极作用。所以，培养人们对法律的敬畏心理，进而推动对法律的全面信仰，是司法综合评价指标中的一项重要内容。

测量方法：问卷调查。

问题设计：您所在地区的司法人员法治信仰(司法人员自己遵守法律、认可法律、敬畏法律)状况如何？

○ A. 非常好　　　　　　○ B. 比较好
○ C. 一般　　　　　　　○ D. 比较差
○ E. 非常差　　　　　　○ F. 不清楚

4.2.2　司法人员的礼仪文明情况

测量内容：司法人员的礼仪文明。

设立依据：最高人民法院于 2010 年修改的《中华人民共和国法官

职业道德基本准则》,专门将遵守司法礼仪列为其中的一项重要内容。根据目前相关文件规定,司法礼仪主要要求是:第一,外在仪表适当。法官无论在法庭上,还是在工作期间,都应当保持自身仪表的适当与得体。按照有关规定法官在开庭时必须穿着法官袍或者法官制服、佩戴徽章,并保持整洁。此举主要是保持司法活动的庄重、严肃,以体现法律的权威。第二,法庭内行为之礼仪。法庭是法官活动的主要场所,也是司法礼仪表现最充分的地方。在法庭里,与其他诉讼参与人一样,法官必须模范地遵守相关的司法礼仪。包括准时出庭,不缺席、迟到、早退,不随意出进;集中精力、专注庭审,不做与审判活动无关的事。甚至还包括:坐姿端正,杜绝各种不雅动作;不得使用通讯工具、在审判席上吸烟、随意离开审判席,等等。第三,对其他有关人员应礼貌对待。以文明、礼貌、善意的态度对待当事人、律师、证人和其他诉讼参与人,以及旁听人员是一个法官勤勉敬业的标志,也是遵守司法礼仪的表现。目前我国出台了相关文件,将司法礼仪提升到职业道德的高度,此举有利于法官提高履行审判职责的责任感和荣誉感,也有利于增强公众对司法的信任感,维护司法的严肃与权威。《最高人民法院检察官职业行为基本规范(试行)》也对检察官的职业礼仪文明等做出了相应的明确规范。

测量方法:问卷调查。

问题设计:您所在地区的司法机关的司法人员的礼仪文明(态度、语言、行为等)状况如何?

○ A. 非常文明   ○ B. 比较文明
○ C. 一般   ○ D. 比较不文明
○ E. 非常不文明 ○ F. 不清楚

一级指标 5　司法责任与监督司法

司法责任制改革是新一轮司法改革中最重要的改革举措之一,甚至被视为本轮司法改革的"牛鼻子",对其他改革具有"牵一发而动全身"的作用。一般而言,司法责任制主要包括以下几个方面:首先是职权配置,即由审理者裁判。司法责任制改革直接要求由审理者裁判。这部分内容已经在一级指标 1 司法制度与职权配置中有所设计。而在此所设计的司法责任指标主要是司法责任制的其他两个方面的内容:一是责任承担,既然把权力给审理者,最后当然要由裁判者负责。要坚持权责相一致。二是一旦发生错案,就要启动追责程序。关于终身追责的要求,是《中共中央关于全面推进依法治国若干重大问题的决定》和中央政法委提出的。《最高人民法院关于完善人民法院司法责任制的若干意见》也是为了落实中央关于司法责任制的意见而制定的,其中也规定了终身追责的内容。

其次是与司法责任密切相关的是监督司法或司法监督机制。责任的承担与追究很大程度上与监督司法机制的有效运行相关联。实现公正高效权威的社会主义司法制度的目标,不仅需要对目前我国司法体系进行改革,对司法职权予以优化配置,而且重要的是对司法行为进行规范约束。从我国司法实践来看,除通过基本法律(如《宪法》《人民法院组织法》《人民检察院组织法》等)对司法权力进行规范之外,司法监督是对司法行为进行规范约束的重要手段。对于监督司法机制这一二级指标而言,重点考虑的是检察机关的诉讼监督以及人民陪审员、人民监督员制度,社会舆论监督及其规范化等方面。

5.1 司法人员的责任

5.1.1 法官枉法裁判责任

测量内容：法官枉法裁判应当承担相应的刑事责任。

设立依据：法官因职务行为构成犯罪的,应当追究其刑事责任。根据《刑法》第八章(贪污贿赂罪)、第九章(渎职罪)的有关规定,法官的职务行为违反刑法规定的,可能构成贪污、受贿、挪用公款、巨额财产来源不明、滥用职权、玩忽职守、徇私枉法等多种犯罪。法律职业责任在整个国家法治建设层面占有非常重要的地位,因此要严格规范法律职业共同体内不同法律人的职业责任,提高法律职业人的道德素质,这对于国家法治生态建设具有非常大的积极作用。

测量方法：问卷调查。

问题设计：1. 您所在地区的法官枉法裁判情况如何?

○ A. 几乎没有　　　　○ B. 比较少
○ C. 一般　　　　　　○ D. 比较严重
○ E. 非常严重　　　　○ F. 不清楚

2. 法官枉法裁判是否都能得到处理?

○ A. 完全可以　　　　○ B. 基本可以
○ C. 可以　　　　　　○ D. 基本不可以
○ E. 完全不可以　　　○ F. 不清楚

5.1.2 法官(检察官)玩忽职守责任

测量内容：法官(检察官)玩忽职守的责任及其追究。

设立依据：根据《刑法》第八章(贪污贿赂罪)、第九章(渎职罪)的有关规定,法官的职务行为违反刑法规定的,可能构成贪污、受贿、挪用公款、巨额财产来源不明、滥用职权、玩忽职守、徇私枉法等多种犯罪。法律职业责任在整个国家法治建设层面占有非常重要的地位，在国家法律法规层面上，要严格规范法律职业共同体内不同法律人的职业责任，提高法律职业人的道德素质，对于国家法治生态建设具有非常大的积极作用。

测量方法：问卷调查。

问题设计：1. 您所在地区的法官(检察官)玩忽职守情况如何？

○ A. 几乎没有　　　　　○ B. 比较少
○ C. 一般　　　　　　　○ D. 比较严重
○ E. 非常严重　　　　　○ F. 不清楚

2. 法官(检察官)玩忽职守是否都能得到处理？

○ A. 完全可以　　　　　○ B. 基本可以
○ C. 可以　　　　　　　○ D. 基本不可以
○ E. 完全不可以　　　　○ F. 不清楚

5.1.3　法官(检察官)不廉洁责任

测量内容：法官、检察官不廉洁行为及其责任的追究。

设立依据：《中共中央关于全面推进依法治国若干重大问题的决定》明确要求：坚决破除各种潜规则，绝不允许法外开恩，绝不允许办关系案、人情案、金钱案。坚决反对和克服特权思想、衙门作风、霸道作风，坚决反对和惩治粗暴执法、野蛮执法行为。对司法领域的腐败零容忍，坚决清除害群之马。

测量方法：问卷调查。

问题设计：1. 您所在地区的法官(检察官)廉洁情况如何？

○ A. 非常廉洁　　　　　○ B. 比较廉洁
○ C. 一般　　　　　　　○ D. 比较不廉洁
○ E. 非常不廉洁　　　　○ F. 不清楚

2. 法官(检察官)的不廉洁行为是否都能得到处理?

○ A. 完全可以 ○ B. 基本可以
○ C. 可以 ○ D. 基本不可以
○ E. 完全不可以 ○ F. 不清楚

5.1.4 法官(检察官)与当事人不正当交往责任

测量内容:法官、检察官与当事人不正当交往责任的追究。

设立依据:《中共中央关于全面推进依法治国若干重大问题的决定》明确要求:依法规范司法人员与当事人、律师、特殊关系人、中介组织的接触、交往行为。严禁司法人员私下接触当事人及律师、泄露或者为其打探案情、接受吃请或者收受其财物、为律师介绍代理和辩护业务等违法违纪行为,坚决惩治司法掮客行为,防止利益输送。

测量方法:问卷调查。

问题设计:1. 您所在地区的法官(检察官)有无与当事人不正当交往(例如接受当事人请客)?

○ A. 几乎没有 ○ B. 比较少
○ C. 一般 ○ D. 比较严重
○ E. 非常严重 ○ F. 不清楚

2. 法官(检察官)与当事人不正当交往(例如接受当事人请客)是否都能得到处理?

○ A. 完全可以 ○ B. 基本可以
○ C. 可以 ○ D. 基本不可以
○ E. 完全不可以 ○ F. 不清楚

5.1.5 领导插手或干扰案件责任

测量内容:领导干部插手或干扰案件的责任追究。

设立依据:《最高人民法院关于全面深化人民法院改革的意见》明

确指出:建立防止干预司法活动的工作机制。配合中央有关部门,推动建立领导干部干预审判执行活动、插手具体案件处理的记录、通报和责任追究制度。按照案件全程留痕要求,明确审判组织的记录义务和责任,对于领导干部干预司法活动、插手具体案件的批示、函文、记录等信息,建立依法提取、介质存储、专库录入、入卷存查机制,相关信息均应当存入案件正卷,供当事人及其代理人查询。《最高人民法院关于完善人民法院司法责任制的若干意见》明确指出:法官依法审判不受行政机关、社会团体和个人的干涉。任何组织和个人违法干预司法活动、过问和插手具体案件处理的,应当依照规定予以记录、通报和追究责任。《最高人民检察院关于贯彻落实〈中共中央关于全面推进依法治国若干重大问题的决定〉的意见》指出:加强对刑事立案和侦查活动的监督,重点监督纠正有案不立、有罪不究、越权办案、插手经济纠纷、侵犯人权等问题。

测量方法:问卷调查。

问题设计:1. 您所在地区有无领导干部插手或干扰案件情况?
○ A. 几乎没有　　　　　○ B. 比较少
○ C. 一般　　　　　　　○ D. 比较严重
○ E. 非常严重　　　　　○ F. 不清楚

2. 领导干部插手或干扰案件是否都能得到处理?
○ A. 完全可以　　　　　○ B. 基本可以
○ C. 可以　　　　　　　○ D. 基本不可以
○ E. 完全不可以　　　　○ F. 不清楚

5.2　监督司法机制

5.2.1　检察机关诉讼监督的加强

测量内容:检察机关加强开展诉讼监督的情况。

设立依据:《中共中央关于全面推进依法治国若干重大问题的决定》明确要求:完善检察机关行使监督权的法律制度,加强对刑事诉讼、民事诉讼、行政诉讼的法律监督。《最高人民检察院关于贯彻落实〈中共中央关于全面推进依法治国若干重大问题的决定〉的意见》指出:加大诉讼监督力度。紧紧扭住人民群众反映强烈的执法不严、司法不公突出问题,切实做到敢于监督、善于监督、依法监督、规范监督,保障人民权益,伸张正义。

测量方法:问卷调查。

问题设计:您觉得当前检察机关的诉讼监督(对于公安机关办案的监督、对于法院审判的监督)是否有力?

○ A. 非常有力　　　○ B. 比较有力
○ C. 一般　　　　　○ D. 比较差
○ E. 非常差　　　　○ F. 不清楚

5.2.2　人民陪审员、监督员制度的改革与完善

测量内容:人民陪审员、人民监督员制度的改革、完善及运行效果。

设立依据:《中共中央关于全面推进依法治国若干重大问题的决定》明确要求:保障人民群众参与司法。完善人民陪审员制度,保障公民陪审权利,扩大参审范围,完善随机抽选方式,提高人民陪审制度公信度。逐步实行人民陪审员不再审理法律适用问题,只参与审理事实认定问题。完善人民监督员制度,重点监督检察机关查办职务犯罪的立案、羁押、扣押冻结财物、起诉等环节的执法活动。《最高人民法院关于全面深化人民法院改革的意见》明确指出:推动人民陪审员制度改革。落实人民陪审员"倍增计划",拓宽人民陪审员选任渠道和范围,保障人民群众参与司法,确保基层群众所占比例不低于新增人民陪审员三分之二。进一步规范人民陪审员的选任条件,改革选任方

式,完善退出机制。明确人民陪审员参审案件职权,完善随机抽取机制。改革陪审方式,逐步实行人民陪审员不再审理法律适用问题,只参与审理事实认定问题。加强人民陪审员依法履职的经费保障。建立人民陪审员动态管理机制。《最高人民法院关于完善人民法院司法责任制的若干意见》明确指出:人民法院可以按照受理案件的类别,通过随机产生的方式,组建由法官或者法官与人民陪审员组成的合议庭,审理适用普通程序和依法由合议庭审理的简易程序的案件。案件数量较多的基层人民法院,可以组建相对固定的审判团队,实行扁平化的管理模式。2015年5月最高人民法院、司法部印发《人民陪审员制度改革试点工作实施办法》,要求各级人民法院贯彻落实人民陪审制度。

测量方法:问卷调查。

问题设计:1. 您觉得目前人民陪审员制度改革成效如何?
- ○ A. 非常好　　　　　○ B. 比较好
- ○ C. 一般　　　　　　○ D. 比较差
- ○ E. 非常差　　　　　○ F. 不清楚

2. 您觉得目前人民监督员制度运行效果如何?
- ○ A. 非常好　　　　　○ B. 比较好
- ○ C. 一般　　　　　　○ D. 比较差
- ○ E. 非常差　　　　　○ F. 不清楚

5.2.3　社会舆论监督及其规范化

测量内容:社会舆论监督的规范化。

设立依据:《中共中央关于全面推进依法治国若干重大问题的决定》明确要求:司法机关要及时回应社会关切。规范媒体对案件的报道,防止舆论影响司法公正。《最高人民法院关于完善人民法院司法责任制的若干意见》明确指出:各级人民法院应当依托信息技术,构建开放动态透明便民的阳光司法机制,建立健全审判流程公开、裁判文书公开和执行信息公开三大平台,广泛接受社会监督。探索建立法院以外的第三方评价机制,强化对审判权力运行机制的法律监督、社会监督和舆论监督。

测量方法:问卷调查。

问题设计:您认为当前社会舆论对司法的监督是否规范、合理?

○ A. 非常规范　　　　　○ B. 比较规范
○ C. 一般　　　　　　　○ D. 不规范
○ E. 非常不规范　　　　○ F. 不清楚

一级指标6　司法程序与裁判

司法程序与裁判是司法活动中的主要内容,也是中国司法综合评价指标体系的核心之一。司法程序与裁判作为被评对象是指宪法和法律规定的国家机关,依照法定职权与程序,适用法律,居中处理争讼的总体。如此表述,作为被评对象的司法程序与裁判包含了法定程序、适用法律、居中处理争讼等要素。法定程序是指由宪法、组织法、诉讼法等明确规定,处理案件、行使职权,必须严格依照法定程序,遵循法定的方式(程式)、步骤(顺序)实现司法程序合法。适用法律是指把法律规定(规范)运用于具体案件,做到证据确凿、定性准确、量裁适当,即正确适用法律。这是司法的中心环节,也是司法的生命与目的。在司法程序与裁判这一一级指标中,分别从司法程序正当高效、裁判合法有理两个层面设置二级指标及其下的三级指标。

6.1 司法程序正当高效

6.1.1 司法步骤完整过程留痕

测量内容：凡是司法运作的过程是否都有相应的文书记录留痕，有据可查。

设立依据：司法运作的完整过程都有相应的文书记录材料留痕，主要是为监督司法以及追究司法责任提供基础性材料。对于这一要求，也有一些规范性文件作出明确规定。例如，《最高人民法院关于完善人民法院司法责任制的若干意见》明确指出：院长、副院长、庭长对上述案件的审理过程或者评议结果有异议的，不得直接改变合议庭的意见，但可以决定将案件提交专业法官会议、审判委员会进行讨论。院长、副院长、庭长针对上述案件监督建议的时间、内容、处理结果等应当在案卷和办公平台上全程留痕。最高人民法院印发的《人民法院落实〈领导干部干预司法活动、插手具体案件处理的记录、通报和责任追究规定〉的实施办法》中指出，人民法院以外的组织、个人在诉讼程序之外递转的涉及具体案件的函文、信件或者口头意见，人民法院工作人员均应当全面、如实、及时地予以记录，并留存相关材料，做到全程留痕、永久存储、有据可查。

测量方法：问卷调查。

问题设计：据您观察，您所在地区的司法机关是否实现了司法步骤完整过程的留痕（凡是办理案件过程中的活动，都有相应的文书或记录留存）？

○ A. 完全实现　　　　　○ B. 基本实现

○ C. 一般　　　　　　　○ D. 基本没实现

○ E. 完全没实现　　　　○ F. 不清楚

6.1.2 司法程序遵守法定期间

测量内容：司法程序是否严格遵守法定期间。

设立依据：《民事诉讼法》《刑事诉讼法》《行政诉讼法》对法院审判工作、检察工作等均作出了严格的期间规定。

测量方法：主观问卷调查数据与客观数据相结合的方式。客观数据部分采用法院的"法定（正常）期限内结案率"作为评分基础。一般而言，法定（正常）期限内结案，说明法官严格遵守了法定期限，既是司法公正、合法性的体现，也是司法效率的体现。

主观问题设计：您所在地区的司法机关是否严格遵守法律规定的诉讼时限开展诉讼活动？

○ A. 严格遵守法定时限且效率高　　○ B. 比较遵守法定时限

○ C. 一般　　　○ D. 未遵守法定期间的情况比较普遍

○ E. 未遵守法定期间的情况非常普遍　　　○ F. 不清楚

6.1.3 不转嫁司法成本

测量内容：司法机关不将司法成本转嫁给当事人或其他诉讼参与人。

设立依据：《最高人民法院关于进一步推进案件繁简分流优化司法资源配置的若干意见》规定：进一步优化司法资源，提高司法效率，促进司法公正，减少当事人诉讼成本，维护人民群众合法权益。

测量方法：问卷调查。

问题设计：据您观察，您所在地区的司法机关是否存在向当事人转嫁司法成本的现象（例如证据/财产保全要当事人支付外出差旅费等）？

○ A. 非常少　　　　　　○ B. 比较少

○ C. 一般　　　　　　　○ D. 比较多

○ E. 非常普遍　　　　　○ F. 不清楚

6.2 裁判合法有理

6.2.1 裁判的合法性

测量内容：法院是否严格依法裁判。

设立依据：裁判的合法性主要是指案件的裁判结果符合法律规定，未因实体违法而发回重审或改判。《刑事诉讼法》《民事诉讼法》都对裁判不合法应当改判或者发回重审的情况作了明确规定。

测量方法：主观问卷与客观数据相结合的方式。客观数据部分则以法院审判管理数据中的"一审判决案件改判发回重审率""生效案件改判发回重审率"作为评分基础。一般而言，一审判决案件改判发回重审率与生效案件改判发回重审率高，说明案件裁判存在程序违法或者适用法律错误的可能性越高。因此，以这两个客观数据作为评分标准，一定程度上可以说明裁判的合法性。

问题设计：据您观察，您所在地区的法院司法裁判能否严格依据法律作出裁判？

○ A. 完全可以　　　　　○ B. 基本可以
○ C. 一般　　　　　　　○ D. 违法裁判情况较多
○ E. 违法裁判情况非常严重　○ F. 不清楚

6.2.2 裁判文书说理充分

测量内容：裁判文书说理的充分性。

设立依据：《中共中央关于全面推进依法治国若干重大问题的决定》明确指出：加强法律文书释法说理。《最高人民法院关于全面深化人民法院改革的意见》明确指出：推动裁判文书说理改革。根据不同审级和案件类型，实现裁判文书的繁简分流。加强对当事人争议较大、法律关系复杂、社会关注度较高的一审案件,以及所有的二审案件、再审案件、审判委员会讨论决定案件裁判文书的说理性。对事实清楚、权利义务关系明确、当事人争议不大的一审民商事案件和事实清楚、证据确实充分、被告人认罪的一审轻微刑事案件,使用简化的裁判文书,通过填充要素、简化格式,提高裁判效率。重视律师辩护代理意见,对于律师依法提出的辩护代理意见未予采纳的,应当在裁判文书中说明理由。完善裁判文书说理的刚性约束机制和激励机制,建立裁判文书说理的评价体系,将裁判文书的说理水平作为法官业绩评价和晋级、选升的重要因素。

测量方法:问卷调查。

问题设计:据您观察,您所在地区的法院的裁判文书说理及证据是否充分?

○ A. 非常充分　　　　○ B. 比较充分
○ C. 一般　　　　　　○ D. 比较不充分
○ E. 非常不充分　　　○ F. 不清楚

6.2.3 法律适用平等

测量内容:法律适用的平等性。

设立依据:平等权是中国公民的一项基本权利,意指公民同等地依法享有权利和履行义务。宪法对其最为经典性的表述就是:"公民在法律面前一律平等。"司法过程中,不管是法院审判工作,还是检察工作,都应当坚持法律适用平等原则,这也是三大诉讼法都明确规定的基本法律原则。

测量方法:问卷调查。

问题设计:据您观察,您所在地区的法院、检察院对于身份、地位不同的当事人是否会平等适用法律(身份、地位等不同的当事人主要是指当事人是有钱或没钱、本地人或外地人、公务员或普通公民等)?

○ A. 肯定会　　　　　　○ B. 基本会

○ C. 可会　　　　　　　○ D. 基本不会

○ E. 肯定不会　　　　　○ F. 不清楚

6.2.4　裁判援引指导性案例情况

测量内容：裁判援引指导性案例情况。

设立依据：司法裁判援引指导性案例情况某种程度上反映了司法的统一性。《最高人民法院关于全面深化人民法院改革的意见》明确指出：完善法律统一适用机制。完善最高人民法院的审判指导方式，加强司法解释等审判指导方式的规范性、及时性、针对性和有效性。改革和完善指导性案例的筛选、评估和发布机制。健全完善确保人民法院统一适用法律的工作机制。《最高人民法院关于案例指导工作的规定》也指出：最高人民法院发布的指导性案例，各级人民法院审判类似案例时应当参照。

测量方法：问卷调查。

问题设计：据您观察，当案件有指导性案例（最高人民法院发布的具有参照效力的专门的指导性案例）可供参考时，法官是否会援引指导性案例作出裁判？

○ A. 肯定会　　　　　　○ B. 基本会

○ C. 会　　　　　　　　○ D. 基本不会

○ E. 肯定不会　　　　　○ F. 不清楚

一级指标7　司法权威与司法公信力

开展司法综合评价，司法权威与司法公信力无疑是核心关注的领域。司法权威，也称为司法的尊严。它是指司法机关应当享有的威信和公信力，威是指尊严，使人敬畏；信是指信赖和认同。司法权威是一种特殊的权威类型，是司法机关和法官，以及司法过程和司法结果都得到广泛尊重和执行的权威状态。司法权威有以下几个特征：第一，司法权威是司法权力和司法威信的统一。司法权力是国家权力的重要组成部分，司法权力的强制性为司法权威奠定了基础。司法权力如果失去了强制性，就不可能有真正意义的司法权威。第二，司法权威是强制和自愿服从的统一。司法权威不能仅仅建立在司法权力的强制性基础上，还必须建立在正当性、公正性、合法性的基础上，使人们对司法权力发自内心地服从，真正的司法权威才能树立起来。第三，司法权威是司法公信力和司法执行力的统一。司法公信力是社会公众对司法权的运行及其结果所具有的信任、服从、尊重的心理认同感。它与司法权威有着密切的关系，两者相互作用，相辅相成。司法执行力，指有效行使的司法权在国家权力架构和社会生活中发挥司法功能的范围以及程度。司法越权威，司法执行力便越强；反之，司法如果缺乏权威，便没有执行力。第四，司法权威是司法裁判稳定性和终局性的统一。司法的基本功能之一是维护法律秩序和社会主体的权利。人们选择司法手段作为解决纠纷的方式，是基于对裁判的公正性、稳定性和终局性的预期。如果司法裁判在社会大众看来不公正，并且缺乏稳定性和终局性，那么人们以后可能不会把司法作为解决纠纷的途径，如此司法权威最终会受到损害。基于上述考虑，在司法权威与司法公信力这一一级指标下设计了裁判得到认可与执行、公民法律信仰与司法公信力等二级指标以及具体的三级指标。

7.1 裁判得到认可与执行

7.1.1 执行措施的有效性

测量内容：执行措施是否有效，是否能够保障胜诉当事人及时实现权益。

设立依据：胜诉当事人的权益能够得到有效保障，对于维护司法权威和司法公信力具有重要的作用。《中共中央关于全面推进依法治国若干重大问题的决定》明确指出：依法保障胜诉当事人及时实现权益。《最高人民法院关于全面深化人民法院改革的意见》也指出：深化执行体制改革。推动实行审判权和执行权相分离的体制改革试点。建立失信被执行人信用监督、威慑和惩戒法律制度。加大司法拍卖方式改革力度，重点推行网络司法拍卖模式。完善财产刑执行制度，推动将财产刑执行纳入统一的刑罚执行体制。

测量方法：主观问卷与客观数据相结合的方式。客观数据以法院审判管理数据中的"执行标的到位率或民事判决执结案率（实际执行率）"作为评分标准。

问题设计：您所在地区的法院的执行措施是否及时得力？

○ A. 非常及时得力　　　　○ B. 比较及时
○ C. 一般　　　　　　　　○ D. 比较不及时
○ E. 完全不及时　　　　　○ F. 不清楚

7.1.2　生效裁判再审启动情况

测量内容：针对生效裁判案件，当事人提起申诉、人民检察院提出抗诉后，法院启动再审的情况。

设立依据：对生效案件启动再审，说明该案件的裁判出现错误，法院启动再审能够一定程度上说明对司法权威的维护。《最高人民法院关于全面深化人民法院改革的意见》明确指出：强化诉讼过程中当事人和其他诉讼参与人的知情权、陈述权、辩护辩论权、申请权、申诉权的制度保障。《最高人民检察院关于贯彻落实〈中共中央关于全面推进依法治国若干重大问题的决定〉的意见》指出：严格执行修改后刑事诉讼法有关规定，强化诉讼过程中当事人和其他诉讼参与人的知情权、陈述权、辩护辩论权、申请权、申诉权的制度保障。

测量方法:主观数据与客观数据相结合评价。以法院审判管理数据中的"再审启动率"作为评分标准。

问题设计:据您观察,针对生效裁判,若向法院申(抗)诉,法院是否会提请再审改判?

○ A. 肯定不会　　　　○ B. 基本不会
○ C. 会　　　　　　　○ D. 基本会
○ E. 肯定会　　　　　○ F. 不清楚

7.2　公民法律信仰与司法公信

7.2.1　普法宣传状况

测量内容:政府、司法机关进行普法宣传的状况。

设立依据:公民的法律信仰需要通过政府、司法机关充分的、全面的普法宣传来培育。《中共中央关于全面推进依法治国若干重大问题的决定》明确指出:推动全社会树立法治意识。坚持把全民普法和守法作为依法治国的长期基础性工作,深入开展法治宣传教育,引导全民自觉守法、遇事找法、解决问题靠法。实行国家机关"谁执法谁普法"的普法责任制,建立法官、检察官、行政执法人员、律师等以案释法制度,加强普法讲师团、普法志愿者队伍建设。把法治教育纳入精神文明创建内容,开展群众性法治文化活动,健全媒体公益普法制度,加强新媒体新技术在普法中的运用,提高普法实效。

《最高人民法院关于全面深化人民法院改革的意见》明确指出:推动实行普法责任制。强化法院普法意识,充分发挥庭审公开、文书说理、案例发布的普法功能,推动人民法院行使审判职能与履行普法责任的高度统一。

《最高人民检察院关于贯彻落实〈中共中央关于全面推进依法治国若干重大问题的决定〉的意见》也指出:完善法治宣传教育机制。充分发挥检察机关专业优势,积极参加普法教育,促进增强全民法治观念。推动完善国家工作人员学法用法制度,发挥预防职务犯罪警示教育基地作用,加强对国家工作人员的廉政法治教育,增强依法办事、廉洁从政的自觉性。认真落实"谁执法谁普法"的普法责任制,建立检察官以案释法制度,组织开展公民旁听法庭审理案件等活动,推动普法教育进机关、进乡村、进社区、进学校、进企业。创新法治宣传教育方式方法,组织开展丰富多彩的法治文化传播活动,加强新媒体新技术在普法中的运用,增强法治宣传教育的覆盖面和吸引力,有效引导群众自觉守法、遇事找法、解决问题靠法。

测量方法:问卷调查。

问题设计:您所在地区的政府、司法机关在社会上进行普法宣传教育的情况如何?

○ A. 非常多　　　　　○ B. 比较多
○ C. 一般　　　　　　○ D. 比较少
○ E. 非常少　　　　　○ F. 不清楚

7.2.2　公民知法守法状况

测量内容:公民了解法律、遵守法律情况。

设立依据:法律信仰作为现代法治精神的内核,其形成和发展是一个自然的历史过程,同时又是人们有意识地选择和培育的结果。信仰法律与遵守法律可谓相辅相成,信仰法律的人一般就会遵守法律,但法律制定以后是否能够得到遵守,法律信仰却不是唯一因素,人们是否守法是由多重现实因素决定的。其中守法与法律信仰相关,因为合法,所以守法,这是对法律权威的尊重和信任,也是培养人们法律信仰的最初方式。因此,恪守法律,能增强人们对法律的信仰,也是法治社会建立的基础。这要求立法者在立法时兼顾不同利益群体的利益需求,公正立法,增加人们对法律合法性的信任感,为公民的法律信仰奠定良好的基础。《中共中央关于全面推进依法治国若干重大问题的决定》明确指出:法律的权威源自人民的内心拥护和真诚信仰。人民权益要靠法律保障,法律权威要靠人民维护。必须弘扬社会主义法治精神,建设社会主义法治文化,增强全社会厉行法治的积极性和主动性,形成守法光荣、违法可耻的社会氛围,使全体人民都成为社会主义法治的忠实崇尚者、自觉遵守者、坚定捍卫者。

测量方法:问卷调查。

问题设计:据您观察,您所在地区公民知法守法情况如何?

○ A. 非常好　　　　○ B. 比较好

○ C. 一般　　　　　○ D. 比较差

○ E. 非常差　　　　○ F. 不清楚

7.2.3　涉诉涉检当事人信访情况

测量内容:涉诉、涉检当事人信访情况。

设立依据:《最高人民法院关于全面深化人民法院改革的意见》明确指出:改革涉诉信访制度。完善诉访分离工作机制,明确诉访分离的标准、范围和程序。健全涉诉信访终结机制,依法规范涉诉信访秩序。建立就地接访督导机制,创新网络办理信访机制。《最高人民检察院关于贯彻落实〈中共中央关于全面推进依法治国若干重大问题的决定〉的意见》指出:深入推进涉法涉诉信访改革,认真做好诉访分离、程序导入、案件办理、终结退出、责任追究等环节工作,努力保障群众合理合法诉求依照法律规定和程序就能得到合理合法的结果。

测量方法:主观数据与客观数据相结合评价。客观数据以法院审判管理数据中的"信访投诉率"以及检察机关案件管理数据中的"涉检信访率"作为评分标准。

问题设计：据您观察，您所在地区对诉讼案件或者对检察机关办理的案件不满，而决定上访、信访的情况如何？

○ A. 非常多 　　　　　　○ B. 比较多
○ C. 一般 　　　　　　　○ D. 比较少
○ E. 非常少 　　　　　　○ F. 不清楚

7.2.4 司法机关的公信

测量内容：律师、社会公众等对司法机关的公信的满意度。

设立依据：司法公信力的一个重要评价标准是司法是否得到社会的认同。具体而言，司法具有不以个人主观意志为转移的国家强制力作为保障，但是司法公信力的基础绝不仅仅在于其有强制力，更重要的是依赖于社会公众的认同。如果缺少社会公众对司法及裁判的认同，那么具有强制执行力的裁判不可能得到非常好的履行。卢梭曾说过，一切法律之中最重要的法律既不是铭刻在大理石上，也不是铭刻在铜表上，而是铭刻在公民们的内心里。简言之，社会各界对司法的认可直接体现了司法公信力的高低。

测量方法：问卷调查。

问题设计：(只针对律师、公众等)您是否赞同对您所在地区的司法机关(法院、检察院)的如下评价：公正、权威、值得信任？

○ A. 非常赞同 　　　　　○ B. 比较赞同
○ C. 赞同 　　　　　　　○ D. 比较不赞同
○ E. 完全不赞同

7.2.5 司法人员声誉

测量内容：律师、社会公众等对司法人员的公正性、中立性、正直性的满意度主观调查。

设立依据：提升司法公信力，不仅要求司法案件的结果公正，也要求司法人员的形象符合中立、公正的客观标准。因此,司法人员的社会声誉是司法机关公正形象的重要载体,也是司法公信力的重要体现。

测量方法:问卷调查。

问题设计:(只针对律师、公众等)您是否赞同对您所在地区的司法人员的如下评价:公正、中立、正直?

　　○ A. 非常赞同　　　　○ B. 比较赞同
　　○ C. 赞同　　　　　　○ D. 比较不赞同
　　○ E. 完全不赞同

后 记

本书的成稿历经十年时间，但这并非"十年磨一剑"，相反，写作修改经历了一个反复纠结、拖延难产的过程。书稿框架和最核心内容来源于我在2015年上半年完成的博士学位论文《中国法院案件质量评估机制改革研究》，论文答辩通过后，恩师左卫民教授建议可以纳入他主编的"中国司法改革实证研究丛书"资助出版，但考虑到论文字数仅十万出头，且当时最高人民法院正在针对人民法院案件质量评估体系进行重大改革，强调要废止违反司法规律的考评指标和措施，取消任何形式的排名排序做法，案件质量评估机制在法院审判管理中的重要性似乎大幅弱化，因此我对论文的实践意义也深感忧虑，故当时向恩师表示需要大幅度修改后才能出版。

博士毕业后，我加入广州大学公法研究中心董皞教授的研究团队，前期主要是协助董皞教授团队完成其承担的国家社科基金重大项目"我国司法体制改革评价指标体系研究"，项目完成后又作为董皞教授领衔的中国司法改革评价研究创新团队的核心成员之一，开展中国司法综合评价指标体系的理论研究和实际测评工作。在广州大学工作期间，某次回母校参加会议，恩师左卫民教授再次问起博士论文是否已经出版之事，鉴于我工作期间从事的司法评估研究事实上是延续博士论文课题，包括2017年主持获批的教育部人文社会科学研究青年基金项目"司法改革背景下法官流动问题的实证调查与对策研究",其中相关内容也与司法评估特别是法院案件质量评估有一定关联,总之,诸多工作都已经积累了不少新的研究材料并完成了一些新成果,于是我经由恩师的项目资助,与北京大学出版社签订了出版合同,以《中国司法评估的理论、实践与机制改革研究》为题,力图统合性地展开对司法内部评估与外部评估的分析。

然而,书稿的整合修改过程并未如自己想象的那样如期推进,虽然有教学工作任务较重的客观原因,但其实很大程度上更是惰性拖延所致。当然,由于最高人民法院对案件质量评估功能和作用的弱化,在修改过程中,我对本书的实践意义仍然一直感到忧虑,因此也是反复纠结是否有必要出版,从而耽搁了书稿修改。直到最近两三年来,最高人民法院重提案件质量评估的重要性,特别是在 2024 年 12 月发布的《人民法院第六个五年改革纲要(2024—2028 年)》中,提出要以审判质量、效率、效果有机统一为导向,构建完善符合司法规律、务实管用的审判质量管理指标体系,我才对本书出版的实践意义有了些许信心。我在实证调研中曾指出,造数据、盲目追高以及评估结果的不当利用等给法院、法官以及司法程序等带来一些不良影响,最高人民法院在修改审判质量管理指标体系的调研过程中发现,这些现象在部分法院依然存在。同时,对于如何构建完善符合司法规律、务实管用的审判质量管理指标体系,本书所提出的应当以现代化理论为指引,从现代司法的本质属性出发并考虑中国的现实需要对司法评估机制进行系统构建的建议,或许也能给实践改革的决策者提供一定参考。

本书得以面世,需要感谢许多人。恩师左卫民教授,硕博阶段一直言传身教,悉心指导,在我工作之后依然给予我很多继续跟随他学习的机会,特别是,本书最核心内容是在老师指导下完成的博士学位论文,出版更是仰赖于老师的项目资助,在书稿修改过程中因自身原因拖延难产，老师也从未有过一丝苛责，感谢恩师十数年如一日地指导、关爱和宽容。感谢董皞教授及其在广州大学工作期间带领的公法研究中心团队、中国司法改革评价研究创新团队的师长、同仁，本书所介绍、分析的司法外部评估主要就是针对我在广州大学公法研究中心工作期间参与的中国司法综合评价项目，相关实证研究数据、材料为本书提供了莫大帮助。感谢中山大学法学院杨建广教授，在书稿修改过程中，我参与了杨老师主持的"平安建设评价指标体系及平安广东建设（市、县）情况报告"项目，相关研究材料也为本书提供了助益，同时，杨老师还对本书进行了审读，提供了专家意见。感谢研究过程中为本书提供调研帮助的司法机关领导和接受访谈、问卷调查的司法实务人士。感谢何娇娇师妹以及北京大学出版社的张文桢编辑在出版过程中给予的帮助，没有两位的督促，本书或许还在难产之中。

最后，还要感谢我最爱的妻子、儿子以及我父母、岳父母的支持。在书稿整合修改的过程中我时有懈怠，我的妻子刘思琪女士不断督促着我前行，更为重要的是，她让我感受到了爱情、婚姻、家庭所带来的前所未有的幸福，这也成为我努力工作、努力改稿的最大动力。2024年岁末儿子顶顶出生后，我们作为"队友"默契配合抚育，加之顶顶也特别给力，没有让我们有过带娃的疲惫感，居然让我在繁重教学与带娃的双重压力下，顺利地在较短时间内完成了书稿最后阶段非常重要的改稿及校对工作。也是在这一刻，我深刻感受到了婚姻家庭幸福对于一个男人积极工作的重要作用。

是为记。

段陆平

2025年4月30日于广州